現代語訳

# 暗黒日記

昭和十七年十二月〜昭和二十年五月


清沢洌［著］

丹羽宇一郎［編集・解説］



東洋経済新報社

大東亜戦争は非常なる興亡の大戦争である。
筆を持つ者が、後世のために、何らかの筆跡を残すことは、その義務である。
すなわち書いたことのない日記をここに始める。
将来、大東亜外交史の資料とするためである。
神よ、日本を救え。

昭和十八（一九四三）年十月一日
清沢　洌

# はじめに

日本人はもう二度と戦争などするはずがない。

恐らく日本人のほとんどはそう考えているだろう。しかし、その確信は極めて頼りない、むしろ大きな勘違いであることは、清沢洌《きよさわきよし》の『暗黒日記』を読めばわかるはずだ。清沢の日記に綴《つづ》られている戦時下の日本人とその社会の姿は、驚くほど現代と似ている。まるで我々の現在のありさまが清沢に見透かされていたかのようだ。

相手変われど主《ぬし》変わらずというが、何かひとつきっかけがあれば、日本人はたちどころに、戦前のような好戦的な国民になってしまいかねないという危惧さえ覚えずにはいられない。

　日本国民は、今、初めて「戦争」を経験している。戦争は文化の母だとか、「百年戦争」だとか言って戦争を讃美してきたのは長いことだった。僕が迫害されたのは「反戦主義」だという理由からであった。戦争は、そんなに遊山に行くようなものなのか。それを今、彼らは味わっているのだ。だが、それでも彼らが、ほんとうに戦争に懲りるかどうかは疑問だ。結果はむしろ反対なのではないかと思う。（247ページ）

戦前に活躍した外交評論家、清沢洌は終戦の年、1945（昭和20）年の元日にこう日記に記した。清沢は、この年の5月に肺炎を悪化させ、終戦も戦後の日本も見ぬまま世を去った。

今はすでに終戦から76年、開戦からは80年が過ぎた。「戦争を知っている世代が政治の中枢にいる間は心配いらない。だが、戦争を知っている世代がいなくなったときが危ない」と、田《た》中《なか》角栄《かくえい》元総理が警告していた時代が現実になろうとしている。

戦争の記憶が鮮明なうちは、戦争に近づくことさえ危険と感じるものだ。しかし時間の経過とともに記憶は薄れ、記録の中にしか残らなくなる。もはや戦場の記憶を有する人は本当に数えるほどしか残っておらず、戦災体験でさえ記憶している人はわずかになってしまった。

戦争はすでに記憶から記録へ変わろうとしている。

しかし、この記録には誰がどういう権限で開戦を決定し、その責任はどうなったのかという重要な記述が欠落している。過去の戦争責任だけではない。新型コロナウイルス対策でも誰がどういう権限で決定し、責任の所在はどこにあるのか。ワクチン接種の遅れの責任はどこの誰にあるのかあいまいなままである。日本人の権限と決定をあいまいなままにするという無責任体質は76年前と何も変わらない。

いったい日本人は、76年前の悲惨な歴史から何を学び、どんな叡智を身につけたのだろうか。あるいは清沢が案じたとおり、歴史は繰り返そうとしているのだろうか。

近年の社会の風潮、一部の政治家や著名なオピニオンリーダーの発言を耳にするたびに、清沢の暗い見通しが現実のものになる恐れを強く感じざるを得ない。杞憂《きゆう》の一言で片づけるわけにはいくまい。


これから我々が見ようとしている戦時中の日本社会は、清沢洌というレンズを通して結ばれた投影画像である。そこには自由主義者の清沢にとって、不合理で、理不尽で、悪質で、窮屈至極な社会が映し出されている。

しかし同じ時代に生きているからといって、すべての人にとって同じ社会が心に映っていたとは限らない。たとえば清沢と同じ言論人でも、「徳富蘇峰《とくとみそほう》や頭山満《とうやまみつる》のような開戦論者」（暗黒日記）にとっては、不十分ながらも日本は望ましい方向に進んでいるように見えたはずだ。

だが唯一、誰ひとりとして見落とすことの許されない事実がある。それは、この戦争で300万人を大きく超える日本人が犠牲になったということだ。

清沢洌は1890（明治23）年に長野県に生まれ、17歳で渡米、苦学して現地のハイスクール、大学を卒業、現地で邦字新聞の記者を務めた。その後、１９１８（大正７）年に帰国、『中外商業新報』（現『日本経済新聞』）、『東京朝日新聞』（現『朝日新聞』）の記者を経て、外交評論家として執筆、講演でも活躍するようになった。

しかし戦時下にあっては、情報局（内閣直属）から総合雑誌に対する執筆禁止者のひとりに指名され、メジャーな舞台での言論活動は大部分を封殺された。

『暗黒日記』は、清沢がいつかときが来れば執筆しようと考えていた現代史の資料として使うつもりで、開戦から1年後の１９４２（昭和17）年12月9日から付けはじめたものだ。日記は、清沢が亡くなる１９４５（昭和20）年5月21日の16日前、5月5日が絶筆となった。その日、清沢は知人の息子の結婚式に招かれ、長野に滞在していた。

『暗黒日記』は戦後、清沢の日記が出版される際に付けられた書名（東洋経済新報社、１９５４年）であり、清沢自身は日記帳であるノートの表紙に「戦争日記」と書いている。

日記は、最初の頃は清沢の後年の資料にするという意図を反映して、外交評論家清沢の時事批評・分析の記述が多い。しかし年を追い、戦局が悪化するに従い、暮らしに困窮する生活者清沢の貌《かお》が日記の随所にあらわれるようになった。戦争が遠い批評の対象から、身近な実生活の問題となっていく経緯が読み取れる。

それは清沢だけでなく、銃後の国民の戦争観でもあっただろう。

外交評論家清沢は、冷静な専門家の貌を維持しようと努めているが、否応なく迫る戦争による生活の困窮に本音が噴き出すようになる。これも戦争の実相である。

だが清沢は、最後まで観察者である態度を変えようとはしない。彼の日記帳には検証資料として、新聞の切り抜きが相当量貼付され続けてあり、その形式は最後まで貫かれた。清沢の日記は、単なる日々の心境を綴っただけのものではない。

私が本書を出版するにあたって考慮したのは次の点である。

まず『暗黒日記』は、約2年半にわたって書き続けられたもので、一冊の書籍で掲載できる文章量を大きく超えている。次に文体が旧《ふる》いという問題がある。

もとより日記を紹介する以上は、その全文を掲載することが、望ましいのは百も承知であるし、また本来、日記の記述には、当時の空気感が反映されているので、原文のまま表記したいのも言うまでもない。

しかし上下巻に分けたとしても、膨大なページ数は読者に忍耐を強いることになる。また清沢が『暗黒日記』を記述したときから、すでに4分の3世紀以上の年月が過ぎている。見慣れない旧い言葉づかいも読者には読みづらいし理解もしがたい。

本書は一部の現代史専門家だけのために出版するものではなく、むしろ現代史には疎遠な人々に、日本の暗黒時代を知ってもらいたいがために出版を決意したものである。したがって、普通の人にとって読みやすく、わかりやすいことが本書の第一の編集方針である。

本書は入り口であって、ゴールではない。入り口は広く入りやすいほうがよい。また、言い訳のようになるが『暗黒日記』の原文には、いくつかの既刊本がある。本書を入り口にして、さらに深く『暗黒日記』を読み込むことは可能である。

そこで本書は、『暗黒日記』の記述から、清沢が日記に込めた意図を強く反映した部分のみを抜粋し、あえて一部を捨象した。この抜粋作業には編集部のご協力をいただいた。

日記の文体についても、時代の空気感を反映している清沢の原文を尊重しつつ、現代の人にも読みやすく、わかりやすいように、表現、言い回し、漢字や仮名づかいを現在の用法に改め、今では知る人が少なくなった人名や事柄には注釈を付けた。

また、今を生きる我々が『暗黒日記』をどう読むべきかの手助けになるように、第1〜3章の清沢の日記の前に解説を、そして序章と終章に『暗黒日記』が記録していない前後の昭和現代史を簡潔に付記した。

日本が、どうぞ健全に進歩するように——それが心から願望される。この国に生れ、この国に死に、子々孫々もまた同じ運命をたどるのだ。今までのように、蛮力が国家を偉大にするというような考え方を捨て、叡智のみがこの国を救うものであることをこの国民が覚えるように――。「仇討ち思想」が、国民の再起の原動力になるようではこの国民に見込みはない。（248ページ）

終戦の年の元日、清沢の日記はこう締めくくられている。「仇討《あだう》ち思想」とは、やられたらやり返すという動物的な衝動のことだ。

人間には動物の血が流れている。獣性を宿した動物の血は、科学や文化がどれほど進歩しようと変わらぬ人間の本性の血であり、逃れがたい現実でもある。

ひとたび獣性のスイッチが入ってしまえば、本性のままに前後も考えずに戦争の道を突き進むことだろう。頭にあるのは生きるか死ぬかだけだ。だから我々には二重の安全装置が必要なのだ。ひとつは強力な武力を持たないこと。もうひとつは戦争に近づかないこと。それだけでは足りない。できるならば自らの獣性、愚かさを自覚し、戒《いまし》める力を心に宿すことである。

右は私の長年の主張だが、『暗黒日記』もまたそう叫んでいるように思える。

動物の血が流れているのは日本人だけではない。米国人にも中国人にも、ヨーロッパ人にも、アフリカ人にも、アジア人にも、世界中の人類に流れている。血の中をのぞいてみれば我々の生きている世界は、まるでジャングルのような危険な場所でもある。

危険な世界にいるなら、誰よりも強力な武器を持たなければ、安全は保障されないと考えるのは当然だ。野獣ばかりの世界なのだから、軍隊という力なしに、国際問題は解決できないと声高に主張する人は多い。だが、国際問題を力以外で解決してこそ、日本人が「日本は世界一」と、本当に胸を張って誇れる国となるのではないだろうか。

強力な武器を持つのは、あくまでも動物の血が流れている人間だということを忘れてはならない。だから人間に獣性が宿っている以上、必ずいつかは武器が過剰に使われる危険性をはらんでいる。

強力すぎる武器である核兵器は、日本に投下されて以来、実戦で使われたことこそないものの、「口」ではともかく主要関係国は密かに持ち続けようとしている。そんな国際情勢を見れば、清沢が言ってきたように人間の叡智による抑制の危うさがわかるだろう。

これでは、世界を戦争の危機から解放することは白昼の暗黒の夢だ。

人には拭い難い獣性を宿した動物の血が流れている。残念ながら我々自身が、そんな危険で愚かな存在なのだという現実と戒めの心を忘れてはならない。

もう一度言おう、今『暗黒日記』を世に問う清沢の想いを！

**叡智のみがこの国を救うものであることをこの国民が覚るように——。**

この清沢の祈りにも似た「遺言」に、我々は応えたい。

『暗黒日記』から読み取れる問題は、大きく分けると3つある。

最初は為政者、国を導くリーダーの問題である。戦時中の日本を導いたのは、紛れもなく民主主義ではなく軍国主義の軍であった。軍というひとつの官僚組織が日本を統治していた。では最終責任を負うべきリーダーは誰なのか。開戦時、東條《とうじょう》英機《ひでき》という軍人が首相だったが、彼ひとりの誤りであったのだろうか。開戦から終戦まで責任を負って決断した人物が見えてこないし、誰も知らないのだ。

次は報道である。我々は、圧倒的な負け戦の最中にあって、なお「日本は世界一の神国」（暗黒日記）であると、根拠のない「自惚酒《うぬぼれざけ》」に酔っていた。敵は鬼畜、ケダモノであって、自分たちは神の国の人間であると宣伝していた。

軍による言論統制下にあったとはいえ、当時の新聞紙面は神の後ろ盾をいただく軍の発言、あるいは誰も知らないそれ以上の大きな声によって占められていた。大多数の雑誌も然り、ラジオ放送も追従した。だが、問題は過去の話にとどまらない。今日のメディアにも、たとえば新型コロナウイルスの問題にしても政府の発表をそのまま報じるなど、当時を彷彿とさせる大本営の如き報道姿勢がうかがえる。

最後は、国民自身の天の神、権力者・親分・上司への服従意識である。軍の統制、情報操作があったとしても、盲従し、何ら疑問を呈さなかったのは他ならぬ声なき国民そのものではなかったのか。

戦争というのは、どこまで行っても手段のはずだ。それも非常手段だ。目的ではない。にもかかわらず、戦時日本では、いつの間にか手段であるはずの戦争が目的となってしまった。なぜ我々は、いや権力者は、殺し合いの決断をしてしまったのか。なぜ我々は戦争国、神の国日本への橋を渡ってしまったのか。なぜ３００万人を超える犠牲者を出すまで戦争をやめることができなかったのか。

そして、今の我々日本人のどこがその後変わったと言うのだろうか。

問題の答えも、また『暗黒日記』の中にある。

読みたまえ、これらの問題が、今日に至るも、なお影を落としていることを『暗黒日記』は我々の心に語りかけているではないか。

丹羽宇一郎

目次＊現代語訳　暗黒日記

【凡例】

本書は、清沢洌『暗黒日記』（評論社、1995年）を参考に、自筆原本を参照し、清沢が日記に込めた意図を強く反映した部分を抜粋し収録した。文体は、時代の空気感を反映している清沢の原文を尊重しつつ、現代の人にも読みやすく、わかりやすいように、一部表現や言い回し、漢字や仮名づかいを現在の言葉に改めた。また、戦時下の歴史的背景を理解しやすいように、人名や事柄には脚注を付けた。短い注釈は〔　〕書きとした。なお、日記中に配慮すべき差別的な表現があるが、歴史的資料でもある原文を尊重し、言葉を改めずそのままにした。

序章

# 暗黒日記の前史

日本の暗黒はどこから始まったのか。歴史に起点を求めるのは難しい。しかしあえて言う。日本の暗黒は、決定の権限も責任も、国を挙げてあいまいにした時点から始まった。勝手に戦争を始め、その責任を誰もとらない。そういう総無責任体制を許したところから昭和の大戦への扉は開いたのである。

## 日本を暗黒へ導いた無責任の系譜

清沢洌《きよさわきよし》の『暗黒日記』は、開戦後1年を経た1942（昭和17）年12月9日から始まり、終戦の約3か月前で終わっている。『暗黒日記』は貴重な戦時の記録だが、これを現代史の資料として読むためには、清沢の日記以前と日記以後の日本を俯瞰《ふかん》しておく必要があるだろう。

もし清沢が現代史を著すとしたら、どこを起点としただろうか。それは『暗黒日記』の本質、昭和の大戦の淵源《えんげん》を求めることでもある。

歴史に起点を求めることは難しい。だがあえて言えば、私はそれが開戦の10年前、1931（昭和6）年の満州事変だと思っている。満州事変は、いくつかの意味で日本のターニングポイントとなった。

開戦とともに政府は、この戦争を大東亜戦争と名付けた。大東亜戦争とは日中戦争および連合国との戦争を指す。日中戦争は1937（昭和12）年7月7日の盧溝橋事件から始まる。中国では満州事変よりも、盧溝橋事件が重視されている。7月7日は中国にとって特別な日なのである。

しかし、日中戦争も、対米戦争も、大本を遡《さかのぼ》れば満州事変に行き着く。

外交評論家である清沢は、日記本文にもあるように「満州事変から日本が力の外交へ変わった」と断じている。もうひとつ、言論人清沢を迫害した言論統制も源流は満州事変だった。満州事変は統帥権（軍を動かす天皇の大権）の原則に反した軍の暴走だが、国民は熱狂的に軍を支持した。そのため新聞各紙は軍の違法行為には触れず、壮挙、快挙と満州事変を引き起こした軍をもてはやした。

満州事変当初、軍部に批判的だった朝日新聞は読者の不興を買い、不買運動を起こされた途中から方針を転換、当時の主要メディアは先を争って軍に追従した。結果、新聞は部数を伸ばしたが、言論は自ら統制の墓穴に突入したと言えよう。

この2点が、清沢の現代史（戦争史）の起点を満州事変と推察した理由である。

なぜ国民は事変にこれほど熱狂したのだろうか。背景には昭和の金融恐慌および世界恐慌による不況、そこから広がった社会不安や閉塞感があったことは否定できない。

またその数年前に起きた蔣介石軍による在中国の日本居留民襲撃（南京、漢口、済南事件）などによっても対中感情が険悪化していただろう。さらに遡れば日清戦争以後の侮中感情が強く影響していたと思われる。

## 現代に続く権限と決定のあいまいさ

満州事変は天皇の裁可を得ずに軍を動かして実行された。軍を動かす大権は、大日本帝国憲法に定めるとおり天皇にのみ存する。その天皇はやはり旧憲法で「神聖ニシテ侵スヘカラス」とされている。

神聖にして侵すべからざる天皇だけの大権をないがしろにして、勝手に軍を動かしたことは、甚だしい越権行為であり、当事者はその責任を追及されるべきであった。

実際、当時の陸軍大臣南次郎は責任をとって辞職するつもりだったという。ところが国民が拍手喝采を送ったことによって、辞表は懐に入れたままで提出を思いとどまった。

満州事変では関東軍が勝手に動き、朝鮮軍も陸軍本部の決定を待たず動き出した。彼らがいったい誰の、何の権限で軍を動かす決定をしたのか。天皇の大権を侵した責任は誰にあるのか。結局この基本的な大問題は、国を挙げてあいまいにしてしまった。

満州事変以後、日本は権限と決定、そして責任を常にあいまいにしたまま、次々と大きな戦争に突入していった。10年にわたる中国との戦争も、誰がどういう権限で戦争を国の目的とすることを決めたのか。あいまいなまま、軍のメンツや国民感情だけで、ずるずると深みにはまってついに対米戦へと突入することとなる。

誰がどういう権限と責任で曖昧模糊《あいまいもこ》の決定をしたのか不明のまま、日本は犠牲者300万人を遙かに超える昭和の大戦を行ったのである。

だが、このいわば1億総無責任という大問題は過去にのみ存在していたわけではない。今日の日本でも2020年からの新型コロナウイルスの感染拡大で、かつてと同様に権限と決定および責任の所在は不明なまま、すなわち誰がどういう権限と責任でやっているのか、わからないまま右往左往している。

ひとえに国民の自粛頼みだった新型コロナ対策は、あたかも戦時中の「欲しがりません勝つまでは」のスローガンを見るようであり、ワクチン接種もいったい誰の権限と責任でやっているのかあいまいなまま進んでいる。

今日に至るまで続く一億総無責任体制の原点という意味でも、満州事変は日本の現代史の大きな分岐点であると言わずして何と言うのか。

## 不況による不安と不満で正気を失った日本

満州国は日本の精神的な堕落、戦争の原因であっただけでなく、経済的にも最後までお荷物であったが、「満蒙は日本の生命線」（松岡洋右外相）とされ「10万の英霊（犠牲）20億の国帑《こくど》（国費）」を注ぎ込んで得た、貴重この上ない土地というスローガンのほうが国民に浸透していた。

満州事変の翌年、1932（昭和7）年に上海事変が起こる。満州事変に対する国際社会の批判をそらすため、関東軍参謀に頼まれ海軍が策謀したとされるが、陸軍の満州事変に対抗する意識が海軍にあったことは想像に難くない。

この年、海軍青年将校を中心とした五・一五事件（海軍）も起きる。この事件では犬養毅首相が射殺されたにもかかわらず、ひとりの死刑判決も出なかった。ここでも規律は軽視された。

この時期、政財界の要人暗殺事件（血盟団事件など）が頻発していた。

長引く不況と社会情勢を背景とする国内テロによって不穏な空気が漂う中、日本政府は翌1933（昭和8）年3月に満州事変および満州国を認めない国際連盟を脱退。この年の10月にはドイツが脱退、枢軸国2国が足並みをそろえ軍国化への歩みを進めることとなる。

1936（昭和11）年、陸軍青年将校らによる二・二六事件（陸軍）が起きる。軍人や極右による一連の要人襲撃事件は軍に対する反論を封じ、軍の支配体制を強化した。

そして、この翌年1937（昭和12）年7月7日に盧溝橋事件が起こる。当初、不拡大方針をとっていた近衛内閣は軍部と世論に押され「暴戻支那ヲ膺懲ス（乱暴な中国を懲らしめる）」

と、戦争拡大へと舵を切る。そうして短期間で決着がつくと思っていた日本軍の目論見とは裏腹に、1945（昭和20）年まで続く中国との長い戦争へ突入することとなる。

この年の12月には南京が陥落、日本国民は提灯行列で勝利を祝った。

1938（昭和13）年に国家総動員法が施行され、政官財民が挙国一致して戦争に向かう体制となったが、財界は国家による不効率な統制経済に不満を抱き、一部財界人はこれを「アカ（共産主義の蔑称）」（暗黒日記）と呼んだ。

## 昨日の友は今日の敵

日中戦争のさなか日本にとっては、北方からソ連が侵攻してくることが脅威だった。そのためヨーロッパでドイツにソ連をけん制させ、アジアへの侵攻を思い止まらせるというドイツ依存の戦略をとった。ところが1939（昭和14）年8月ドイツは、突然ソ連と独ソ不可侵条約を結ぶ。これによって「欧州の天地は複雑怪奇」という言葉を遺し平沼内閣が倒れた。同年9月ドイツがポーランドへ侵攻、第二次世界大戦の火ぶたが切られた。翌1940（昭和15）年には情勢は再び急変し、日本は日独伊三国同盟を結ぶ一方、中国では蔣介石と袂を分かった汪兆銘が、重慶の国民政府を離脱し、日本占領下の南京に親日の国民政府をつくりあげた。日本は汪兆銘政府を中国問題解決の梃子にしようとした。

同年10月、日本の各政党は解党し組織を統合、大政翼賛会が発足した。政治は戦争に向かって一色に塗りつぶされた。

1941（昭和16）年、不可侵条約を結んだドイツとソ連だが、両者の利害は一致せず衝突は不可避だった。情勢は二転三転し、ヨーロッパとアジアの二正面作戦を不利と判断したソ連と、北方の脅威を除いた後に資源を求めて南方へ進出したい日本とで、同年4月に日ソ中立条約が結ばれる方向へと動いた。

またこの年7月に日本は南部インドシナに派兵、これに対し米英は日本の資産を凍結。8月には米国が日本への石油輸出を全面ストップ、このときの日本の石油備蓄量は約1年半分だったといわれる。

同年10月東條内閣が成立、11月米国からハル・ノート（日米交渉の文書）が示され、これを最後通牒と受け取った日本政府は権限・責任不明のままで、ここに至り対米戦の開戦を決意する。そして12月8日、海軍はハワイ真珠湾の米国太平洋艦隊基地を攻撃、陸軍はマレー半島に上陸した。

例によって緒戦の勝利に沸く日本だったが、翌年の春4月に帝都東京を含む都市が米軍爆撃機の襲来を受ける。皇居のある東京が空襲を受けたことは決定的な衝撃にもかかわらず、米空母艦隊の撃滅か、ミッドウェー島の攻略か、ここでも主目的は不明であいまいなままミッドウェー作戦が実行された。しかし、6月、ミッドウェー海戦で、日本海軍は早くも虎の子の空母4隻と多数の艦載機を失うこととなった。

情勢は暗転し、暗雲は戦場だけでなく、日本本土にも垂れ込み始めた。清沢の日記はこの年の12月から始まる。

（丹羽宇一郎）

第1章

# 昭和十七年十二月〜昭和十八年十二月

## 日本はなぜ勝ち目のない戦争に突っ込んでいったのか

緒戦の勝利に浮かれていた日本に次第に忍び寄る敗戦の影。銃後の国民には食糧不足、物不足となって戦争が具現化してくる。政府と役人は国民に我慢を強いるお願いだけで、救済策も改善策もなかった。まるで今のコロナ禍と同じである。

（解説）

## 今日に共通する戦時下リーダーのあやまち

清沢洌《きよさわきよし》は、日記の中で何度も東條英機《とうじょうひでき》首相の批判を繰り返している。

総理大臣、陸軍大臣、内務大臣、参謀総長を兼任した東條首相には権力が集中したが、戦時下の首相に権力が集中するのは、英国首相チャーチルの名前を挙げるまでもなく、権力を抑えた首相のほうが珍しいほどだし、一国の危機に際し、一時的にリーダーの権力が高まることは万国共通である。

我々は生身の東條英機という人物を知らない。我々が知る東條像は、後年のいわゆる定説によるものだ。東條首相の戦争責任についても、真相がすべて明らかになったとは言いがたく、いまだにいくつもの議論がある。

では、同時代を生きた清沢の批評は正確か。

今日の我々が総理大臣を評価するとき、その根拠となる情報は、テレビや新聞などのマスメディアに頼るのが一般的だろう。直接会うことはないからだ。つまり一国のトップの人物像は、マスメディアによってつくられたものであり、少なからず実像と異なることが多い。

中国大使としての丹羽宇一郎の人物像も、当時のマスメディアによってつくられたものであり、実際の丹羽宇一郎を知る人からすれば、かなり異なる点も多いだろう。

同様に清沢の東條像も、当時の新聞や雑誌、それに清沢の人脈から得た情報をもとにつくられていたはずだ。

『暗黒日記』といえども、歴史的な記述を読むときには、そういうことも念頭に置いておく必要がある。発言者や執筆者が著名だから、あるいは世間一般がそう認識しているからと、頭から信じてかかることは、本人とは違う人物の話を読んでいることになってしまう恐れがある。

こうした視線を持つことは、歴史のみならず、今日の社会情勢を見るときにも欠かせない。ジョー・バイデンも、習近平《しゅうきんぺい》も、金正恩《キムジョンウン》も、いま我々がマスメディアを通して目にしている姿はどの程度実像に近いのか。真実を見抜くには、できるだけ多くの書物を読み、我々自身の目を磨くしかない。情報鑑定の眼力をつけるしかない。

## 戦時下の国民は「働く首相」を支持した

総合雑誌への寄稿禁止者リストに挙げられた清沢は、政権内部に通じる情報源を持っていない。情報源は主として新聞、ラジオによっていた。そうした報道の中から、東條首相の動きを追っている。実は「東條首相は、意外に当時の国民には人気があった」と、清沢はこう皮肉っぽく書いている。

昭和十七年十二月九日（水）
東條英機首相は朝から晩まで演説、訪問、街頭慰問をして、五、六人分の仕事をしている。その結果、非常に評判がいい。総理大臣の最高任務として、そういうことを国民が要求している証拠だ。（37ページ）

昭和十九年七月二十二日（土）
一般民衆には東條の評判がいいとのこと。例の街に出て水戸黄門式のことをやるのがいいのだろう。（187ページ）

国民は朝から晩までよく働くという「つくられた首相」に共感を覚えていた。働いている仕事の中身に関心はない。朝から晩まで働いていることを評価しているのだ。一国の総理大臣として、何をしていようとも、長時間「何かをやっている」ニュースを評価している。これが、日本国民の政治家の評価基準であった。

国民は、政治のリーダーの行動に結果責任を問うような習慣がなかった。これは、このまま現代にも共通しそうに見える。

何のためにかは不明ながらも、暗黒日記によれば、東條首相は国民の中に積極的に入り込んで、直接声をかけて慰労し、励ますような小さな努力を惜しまなかったようだ。

「国民はこういう首相を喜んだ」が、経済界は批判的だった。戦時下の統制経済政策のことを、阪急電鉄の創設者で関西経済界のリーダーで福沢諭吉の影響を強く受けていた小林《こばやし》一三《いちぞう》は、かつて「赤（共産主義）」と呼んだと清沢は書いている。イメージではなく、政策や行動に対する批評である。

昭和十八年六月十二日（土）

「自分は枢密院で『赤』の弾劾をやろうと思った。すなわち誰かに小林大臣が『脱税しているというのは事実か』と聞かせる。そこで陛下の御前で赤の陰謀を根こそぎに暴露しようと決心した。これに対し、池田成彬も賛成しなかったし、誰も賛成しなかった」（中略）実業家は全体として、現在の統制経済は「赤」であり、共産主義者の指令によって動いていると固く信じている。（59ページ）

共産党は非合法、社会主義者・共産主義者は思想犯として投獄されていた当時、経済界から見れば東條内閣の統制ぶりも共産主義政府かと疑うだろう。小林一三が「赤」と言っているのは、統制経済に対する強い不平不満が込められていると取れる。本気で共産主義者と考えていたわけではないだろう。

しかし、統制経済によって「自由な経済活動を規制し、経済の活力を殺ぎ、日本の生産力を落としているのは、国益に反した悪政である」と確信していたのであろう。

ちなみに今日も残る国民健康保険、年金、年功賃金、源泉徴収などの諸制度の原形が施行されたのも戦時の統制下である。

## 目的と手段の混乱

戦争とは非常手段である。非常手段である戦争が目的となることは、どこまで行ってもあり得ない。そのはずだ。では、戦争の目的は何か。何を達成すれば戦争は目的を果たしたことになるのか。

先の大戦では戦争の目的、ゴールが見えてこない。

そもそも開戦の理由は、東アジアにおける権益という日本の国益を守るためだった。しかし戦争が長引くに従い、日本の経済は停滞し、食糧さえ満足に手に入らない状態となった。

さらに戦局が悪化するに伴って損害は増え、統治下にあった南方の島々も失い、「中国の租界も手放した」（暗黒日記）。兵員の補充のために、「生産地から労働力を徴兵し、その結果、労働力不足によって生産力は低下し」国民生活はどん底に落ちていく。

国益の名目で始めた戦争によって、かえって国益がどんどん失われていくという矛盾に陥った。それでも戦争のためと信じ、必要な犠牲だからと政策は改められない。

いったい何のための戦争なのか。

「およそ勝利の要諦は必勝の信念を堅持することであります」（東條首相の開戦時の演説「大詔を拝し奉りて」）

東條首相は盛んに必勝の信念を訴えるが、勝ってどうするというプランも見えないし、負けたときの危機感も見えない。清沢の日記からも、その他当時の記録からも、勝つこと以外戦争の目的は見えてこないのだ。当時の日本政府や国民にとっては、あたかも戦争そのものが目的であったかのようである。

こんなあいまいな目的で開戦に踏み切ったのは、いったい誰がどんな権限で決定したのか。その責任もまたあいまいである。

１９４１（昭和16）年12月８日、この日、開戦の報に接した文学者が数多くの日記を残している。その大半は、「ついに来た」という高揚感をもって、開戦という事実を受け止めていた。日本の数倍に相当する大国米国を相手に、敢然《かんぜん》と挑戦する英雄的日本という図式が、彼らの頭の中にあったことがうかがい知れる。

圧政でアジアを支配していた欧米列強最大の国に日本が挑む。恐らく国民のほとんども、そういう思いだったのだろう。小が大に英雄的に立ち向かう、そのこと自体に意味がある。そうなると戦うこと以外、何の目的もないことになる。

みんなが同じような顔をし、同じ橋を渡っていたのだ。清沢はこの気分を「仇討ち思想」と呼んだ。国民すべてが、忠臣蔵の四十七士の気分になっていたというのである。

東條英機というリーダーはこうした民意の上に立っていた。

戦争自体が目的であるなら、終結の見通しはない。ゴールのないマラソンのスタートである。

## 今も昔も変わらぬ民意に迎合する政治の危うさ

民意は不安定であり、往々にして強硬論に傾く。それは歴史の示すとおりである。

昭和十九年一月八日（土）

満州事変以来、外交は全く軍部に移った。それはまた一般民衆の好むところの傾向でもあった。それがよかったかどうかは、タイムのみが明らかにしよう。（133ページ）

清沢は、「日本の外交が居丈高《いたけだか》になったきっかけは満州事変にある」と見ていた。満州事変が国民に熱狂的に歓迎され、熱烈に軍が支持されたからだ。軍もまた民意を背景に勢力を拡大していった。報道の主体である新聞や雑誌、ラジオも民意を後押しし、軍の成果を称賛した。

政治も民意に迎合し、軍を支援する以外頭にはない。軍、政、官、民が一体となって力の外交に向かって勇往邁進《ゆうおうまいしん》し、少しでも敵に妥協しようとすれば非国民と罵倒する。民意に押され、軍はますます剛胆となり、その雄姿にさらに国民とメディアが喝采《かっさい》を送るという、とどまることなき悪循環の様相を呈していた。

止めようのない化学反応のごとく、ついには爆発する以外道はない。そんな世相が清沢の日記から感じられる。

問題を力対力で解決することを好むのは動物の血のなせる業《わざ》である。ゆえに、ひとたびスイッチが入ったら容易には止まらない。それが動物の血に宿る獣性の本能だからだろう。

こうした危うい好戦的な民意を抑え、国際問題を適切な方向へ向けるのが、本来一国のリーダーの役割であるはずだ。首相の任に就くときの東條は、恐らくそうした役目を胸に刻んでいたのではないかと思う。しかし、清沢の言う「独裁者に近い権力を握っていた東條首相」をもってしても、「連戦連勝」の軍を止めることは至難の業であったに違いない。あるいは清沢が思うほどには東條首相に、この状況を落ち着かせるだけの権力はなかったのかもしれない。

だが今日でも同じように、明らかに暗黒の見通ししかないにもかかわらず、止められないことはいくつもある。

原子力発電所は核燃料のゴミ処理の目処が、まったく立っていないにもかかわらず稼働を続けている。稼働すればするほど、処理不能の核廃棄物は溜まる。しかし、直ちに止めることはできないし、止めようともしない。

地球規模の温暖化は人類生存の大問題だが、脱炭素化の将来と現実の姿の真ん中で世界の足並みは必ずしも一致していない。

民間に目を向けても、企業は無理な投資を重ね、倒産に追い込まれるケースは現在でも枚挙にいとまがない。

我々にはいまだ賢く動く智はなく、同じような愚を繰り返している。

## 結局戦争は防げない

清沢の言うように「戦前日本のリーダーが、日本と米国の国力差、軍事力の差を冷静に把握していたら、戦争を挑むような決断は避け得た」はずだと思う人は多い。

だが、本当にそうだろうか。

たしかに良識と常識をもってすれば、負けるとわかっている戦争に突進するのは愚《ぐ》の骨頂《こっちょう》である。多少の譲歩をしてでも戦争以外の道を探るのが正道だ。

しかし、熱狂がはじまり、「連勝を信じる日本国民」（暗黒日記）が戦争を避け平和を求めるような屈辱を許すはずはない。

軍は負けるとわかっている戦争などしたくないものの、強国日本の軍としては頭を下げることは、死にも匹敵する行為である。

見通しのないまま、暗黒の世界へ飛び込むしか道がなかったのかもしれない。

天の声さえ操るような政府が慎重であれば、軍も動けないが、そうなれば国民は弱腰の軍を批判し、メディアはそれを煽《あお》るはずだ。議会は模様眺めだろうが、国民の生死にかかわることだ、声なき声に対し静観するだけでは済まないだろう。

清沢の指摘するとおり、たしかに戦前日本の指導層が国際政治に関して未熟だったとはいえ、日米の国力の差を知らないということはあり得ない。むしろ意図的に臭いものに蓋《ふた》をするように真実から目を背けていたのではないか。

今も昔も都合の悪い情報と事実は黙殺し、都合のよい事実は過剰・拡大して騒ぎ、世界を見ていることは変わらない。

敗戦を知っている現代の我々から見れば、本気だったのかと疑いを覚えるが、清沢の日記に登場する「必勝の信念を叫ぶ東條首相」を見れば、どうやら本気以外に道がなかったのではないかと思わざるを得ない。

もはや、そう叫ぶしかなかったのだろう。

もし当時の政治のリーダーたちが、日米開戦を目前にして、国際的な良識・常識を持っていたとしても手遅れで、覆す力はない。この段階では、すでに戦争に近づき過ぎている。ここまで近づいてしまってからでは、ジャングルの中にいる人々の動物の血を誰も抑えることはできないからだ。

さらに満州事変まで遡《さかのぼ》ったとしても、当時の好戦的な国民の気分の昂揚《こうよう》を抑え込むことができた例は世界史にも少ない。

事実は『暗黒日記』よりも暗い。

日本が、たとえ好戦的といわれる国であるとしても、たしかに当時の国際問題を正確に捉える冷静な感覚、それを支える正しい知識が、政治のリーダーはもとより、関係者に求められていた。

しかしそれだけでは、我々に宿る動物の血を抑え込むことができるとは思えない。たとえ国際事情に精通した優秀で冷静なリーダーが何人かいたとしても、あの国民の動物の血の奔流《ほんりゅう》を押しとどめるほどの気力と実行力が伴うことは期待できないからである。

では、どうすればよいのか。当時の日本の政治家は、何より戦争に近づかないことを命題とすべきだったのだ。戦争に近づけば動物の血が燃え上がる。一度燃え上がった動物の血は、何びとといえども鎮めることは不可能だ。だから、戦争に近づいてはいけない。そういう叫びが次のページから続く清沢の日記からも聞こえてくる。

（丹羽宇一郎）

## 昭和十七（一九四二）年

### 十二月九日（水）

近頃のことを書き残したい気持から、また日記を書く。

昨日は大東亜戦争記念日だった。ラジオは朝の賀屋興宣*大蔵大臣の放送に始まり、まるで感情的叫びであった。夕方、僕は聞かなかったが、米国は鬼畜《きちく》で英国は悪魔でといった放送で、家人でさえもラジオを切ったそうだ。

こうした感情に訴えなければ戦争は完遂《かんすい》できないのか。奥村喜和男*情報局次長が先頃、米英に敵愾心《てきがいしん》を持てと次官会議で提議した。そのあらわれだ。

東京市〔現在の東京23区〕では、お菓子の格付けをするというので、役人が集まって有名菓子を食ったりしている。役人がいかに暇であるか。

英米は自由主義、個人主義で、起《た》てないはずだった。今、我が指導者たちは英米との戦争に向かう決意を語っている。

「評論」という文字は、役人に対し「評」というのはけしからんというので

**賀屋興宣**（かや・おきのり）　主計局長や大蔵次官を経て、近衛内閣、東條内閣の蔵相として戦時財政を担った。戦後、A級戦犯として極東国際軍事裁判で終身刑となり、巣鴨プリズンに服役。正式赦免後、政界に復帰。

**奥村喜和男**（おくむら・きわお）　東條内閣の内閣情報局次長として、戦時体制下の言論統制、統制経済の確立に努め、国民世論を扇動した。

**大日本言論報国会**　言論統制を担当する内閣情報局の指導監督のもとに設立された、思想家・評論家の戦争協力団体。会長は徳富蘇峰。

「言論報国会」*としたそうだ。そして僕のところへは通知も参加状もこない。

大東亜戦争一周年において誰もが言ったことは、国民の戦争意識の昂揚が足らないということだった。これ以上、どうして戦争意識の昂揚が可能か。

すべて役人本位だ。役人のために政治が行われている。

東條英機*首相は朝から晩まで演説、訪問、街頭慰問をして、五、六人分の仕事をしている。その結果、非常に評判がいい。総理大臣の最高任務として、そういうことを国民が要求している証拠だ。

## 十二月十二日（土）

ラジオの低調はもはや聞くに堪えない。

二、三日前、警察署の情報部の者が、英米に対する敵愾心宣伝の効果のほどを聞きに来た。奥村情報局次長がやっている政策に対する批判だ。僕は奥村更《こう》迭《てつ》の必要を述べた。

大東亜戦争下の失敗は、極端なる議論の持ち主のみが中枢を占有し、一般識者に責任を分担させないことであった。

**東條英機**（とうじょう・ひでき）陸軍大将。関東軍参謀長、陸軍次官を経て、近衛内閣の陸軍相になり対米英開戦を主張。首相になり太平洋戦争に突入。内務相と陸軍相を兼任し独裁体制を打ち立てたが戦況不利の責任を問われ総辞職。戦後、極東国際軍事裁判でA級戦犯となり、死刑判決を受けて処刑された。

**長谷川如是閑**（はせがわ・にょぜかん）大正デモクラシー期の代表的論客の一人として、自由主義の立場からファシズム批判活動を展開した。

**石橋湛山**（いしばし・たんざん）東洋経済新報社社長。戦前・戦中は、リベラリストとして、東洋経済新報で小日本主義、平和主義の論陣を張り続けた。戦後

## 十二月十三日（日）

昨日、正午は外交年鑑編集会議に、竹内克巳《たけうちかつみ》〔ジャーナリスト〕君の会に行く。晩は長谷川如是閑*、石橋湛山*、嶋中雄作*、太田永福〔富士アイス創業者〕、秋山高の諸君を芝居に招待。芝居は超満員。食堂はどこも「売切れ」にて、危うく夕食を食い逃すところだった。

## 十二月二十二日（火）

言論報国会は僕のところに入会勧誘をしてこない。

郷里の清沢市治〔甥〕がいよいよ徴兵されるとのこと。二十三日出発。彼一人が家業を支えていたのだから、実家は全滅と言ってもいい。国内の生産増強が困難なことはこの一事でも明らかだ。

尾崎行雄*、不敬罪*で八ヶ月の懲役、執行猶予一ヶ年に決定した。

## 十二月二十八日（月）

汪精衛*〔汪兆銘〕、南京に帰る。今回の来京はおそらく米英の参戦問題であろう。形式主義の政策ここに至る。

---

は、政治家に転身し、蔵相、通産相、首相を歴任。

**嶋中雄作**（しまなか・ゆうさく）　中央公論社社長。中央公論の編集に従事した後、婦人公論を創刊して初代編集長になる。社長に就任後、経営を立て直すも、軍部の圧力により社を解散。戦後、中央公論の復刊により社を再建した。

**尾崎行雄**（おざき・ゆきお）　1890年の第一回総選挙から戦後まで衆議院議員を務め、憲政の神様、議会政治の父と呼ばれる。治安維持法の全廃と軍縮を主張するなど、反軍国主義、反ファシズムの立場を明確にし、戦時中もその立場を貫いた。

**尾崎不敬事件**　1942年の総選挙の応援演説

言論報国会よ。自らを軽んずることなかれ。馬場恒吾君*のところへも、僕のところへも、入会勧誘なし。我らが評論家でなくて、誰が評論家だというのか。彼らは自分たちだけで、この戦争の大責任を負い得るのか。

大孝弥栄会の会長皆川治広《みながわはるひろ》氏以下三十七名の会員が、二十五日から三日間暁天禊行《ぎょうてんみそぎぎょう》を行う。宮城〔皇居〕前に土下座する白衣、白袴の一団。正にこれ幕末維新の光景である。中に国民学校〔小学校〕の生徒あり。風間正守という。こういう教育の結果が日本にいかなる影響を及ぼすか？

で、翼賛選挙を推進する政府批判が、昭和天皇が国家を潰すと揶揄したものとして不敬罪で告発され、東京地検に拘束された。東京地裁は有罪判決を下したが、大審院で無罪判決を受けた。

**汪兆銘**（おうちょうめい）辛亥革命の父、孫文の側近の国民党員であったが、蒋介石と対立し、重慶の国民政府を離脱。日中戦争が始まると、日本との提携を主張し、南京政府を樹立、主席となった。戦後は、名古屋で病死。中華圏では汪精衛（おうせいえい）と呼ばれる。

**馬場恒吾**（ばば・つねご）政治評論家・実業家。ジャパンタイムスや国民新聞などで自由主義擁護の論陣を張る。第二次世界大戦後、読売新聞社社長。

# 昭和十八（一九四三）年

## 一月八日（金）

三十一日に熱海山王ホテルで過ごし、七日午後に帰宅。

『ジャパンタイムス』が『ニッポンタイムス』に改名、『東京日日新聞』が『毎日新聞』に改名。バタビアがジャカルタに改名――マレイがマライに。名前を変えることが一番楽な自己満足だ。

文化は交流により発達するか、それとも純粋を保つことにより発達するか。後者なればナチスは最善の政策だ。ドイツはすでにドストエフスキーの文学などを禁止したとのことだ。

## 一月十一日（月）

南京政府、*九日、英米に宣戦する。租界《そかい》、治外法権などの権利を日本が返還することを声明する。支那〔中国〕は何事をもなさぬまま、この権利回復を得

**南京政府**
日本軍占領下の南京に親日政権として汪兆銘が樹立した国民政府の俗称。日華基本条約により、日本は南京政府を中国政府として正式に承認した。

**重慶政府**
四川省の重慶に置かれていた蔣介石の国民政府の俗称。1937年11月、日本軍による首都南京侵攻を前に重慶へ移転し、戦後の1946年5月、再び南京に還都した。

た。支那の勝利だ。汪精衛はこの土産を持って、いつでも重慶*に帰参《きさん》することができるのだ。日本政府とその関係者の無知を、あらゆる方面に暴露した。

一月十三日（水）

一九四三年の米国の軍事予算は一千五十億ドルに達するだろう旨の教書発表。日本の国民所得が四百五十億円としても、約十倍の予算だ。

新聞が単にこの軍事予算の実現性なし、こけおどしだと強《し》いて軽視する様子なのは（十二日夕刊各紙、『毎日新聞』社説）従来と同じ。

二月二日（火）

東條首相、風邪にて寝ていたのを議会のため起つ。「戦争は二つの場合に敗ける。第一は陸海軍が割れるとき、第二は民心が割れるとき。しかしいずれも考えられず」と東條は説き、結束を破る者はいかなる高官の者といえども容赦せずと言明した。

東條はよく怒るそうだ。枢密院*でも怒り、南次郎*が立って忠誠の志は皆が持っているのだと言ったという。酒井鎬次*中将の話によると、東條はなかなか理

**枢密院**
天皇の最高諮問機関。重要な国務に関し天皇の諮問にこたえることを主な任務としていた。日本国憲法施行に伴い廃止。

**南　次郎**（みなみ・じろう）
陸軍大将。陸軍相、関東軍司令官、朝鮮総督等を歴任。朝鮮総督の6年間で朝鮮人の臣民化政策が推進された。戦後、A級戦犯に指名され、極東国際軍事裁判で終身禁固刑となる。仮出獄後、病死。

**酒井鎬次**（さかい・こうじ）
陸軍中将。戦史、戦争理論の研究者。陸軍大学校の教官などを歴任するなど、研究・教育の分野で活躍した。

**ガダルカナルの戦い**
ソロモン諸島のガダルカナル島

屈が好きで頭はいいが、やはり怒りっぽいという。

新聞は南太平洋の非常な難戦を報ずる。従来、戦況は一切秘密にしていたのを、ガダルカナル*、ニューギニアなどの*苦戦を国民に知らせるのだ。

## 二月四日（木）

スターリングラードのドイツ軍が全滅した*。ナチス十周年記念式典にヒトラー*総統出ず。アフリカ戦線もドイツに分が悪い。英国とトルコの新協約が成立。

東條首相、戦争には必ず勝つと言う。ただ世間では不安の気漂うのが事実のようだ。

## 二月五日（金）

東條首相は議会で、「自分は日本人の誠忠を信ずるがゆえに戒厳令もしかなかった」と言った。議会は追従主義で、盛んに「強権発動」を言っている。強権発動をしてみたら、結果がよくなるか。実物教育のためにやってみたらいいではないか。

ここまでくれば何をやっても同じだ。——しかし彼らは、どんな場合にも経

で行われた日本軍と米国軍の戦い。激しい争奪戦で日本軍は敗退。この戦闘での日本軍の死者のうち、約5000人が戦死、約1万5000人が餓死と戦病死だったと推定されている。

**ニューギニアの戦い**
開戦から終戦まで約三年にわたって日本軍と米国・オーストラリア軍との間で繰り広げられた戦闘。補給路を断たれた赤道直下のジャングルに約18万人の兵力が投入され、ほとんどの将兵が飢えと病気で命を落としたといわれる。

**スターリングラードの戦い**
1942年6月28日から翌年2月2日まで、ソ連の都市スターリングラードで枢軸軍とソ連赤軍が繰り広げた史上最大規模の市街戦。緒戦は枢軸軍優位に進

験による教訓は得まい。

二月十日（水）

奥村情報局次長は日本の対外宣伝は非常にうまくいっていると言っている。この人々は相手の心理を知らず、自己満足がすなわち相手の満足だと考えている。彼らは永遠に悟ることはあるまい。悲しむべし。

正宗白鳥*氏いわく、「文士は駄目だ。文士の会に出るのは嫌だ。先頃、菊池寛*と自動車に同乗したが、今度の大東亜戦争でフィリピンが当方のものとなって大したものだ。戦争はここ三、四年の辛抱ですっかり米英を撃滅すると言って、まるでいい気持になっていた」

正宗氏いわく、生活のためだから、彼らの立場に同情はする。しかしそれだけのことで尊敬はしないと。

三木清*君もいわく、「文士は駄目だ。彼らの見るのは感情的側面だけだ。話題はたくさんあるが、なにもつかんでいない」と。

んだが、ソ連の反攻により枢軸軍は包囲され降伏。

**アドルフ・ヒトラー**
ナチス党首。独裁的な全体主義体制を確立。軍備拡張、対外侵略を強行し、日独伊三国同盟による枢軸国を形成すると第二次世界大戦を引き起こした。ベルリン陥落直前に自殺。

**正宗白鳥**（まさむね・はくちょう）
小説家、劇作家、文学評論家。本名は忠夫。自然主義作家として虚無的人生観を描いた。

**菊池　寛**（きくち・かん）
小説家、劇作家、文藝春秋社創業者。文芸春秋の創刊、芥川賞・直木賞の創設など多方面で活躍し、文壇の大御所と呼ばれた。戦後、公職追放を受け、そ

## 二月十七日（水）

十六日、ゴルフをする。二ヶ月振りだ。あまり成績はよくない。ゴルフは今度「打球*」と言うようになった。「打球錬成袋」とゴルフ・バッグを言ったらどうかと皆で笑う。テニスの英語も、日本語にした。テニスを生かして言葉を日本語にする。幼児化した現代思想がここにもあり。

## 二月十九日（金）

東條首相が今秋の選挙には推薦制度*は用いないと言った。また官憲が指導することは不可と明言した。『朝日新聞』は社説で推薦制度が公平性にもとることを論じている。政府が声明すると、はじめてこれについて論ずる。かつて一人もこれに抗議する者はいなかった。これが日本の「言論」である。

東條は、できるだけ公平でありたいと思っているようだ。これに対しおそらく「現状維持」といったことで不平が起こるであろう。

日本は小学生程度の常識になってきている。ああ。何という愚劣《ぐれつ》ぞ。これで国家が、うまくいけば、それこそどうかしている。

の解除をみないまま狭心症のため没した。

**三木 清**（みき・きよし）
哲学者。法政大学教授。京都帝国大学で西田幾多郎らに学ぶ。戦時中、治安維持法違反の容疑者を支援したことで逮捕拘禁され獄死。死後刊行された「人生論ノート」はベストセラーになった。

**敵性語排斥**
交戦国の言葉である英語が敵性語にあたるとして排斥が進んだ。法律で禁止されたものではなく、民間主導の排斥運動。
・テニス→庭球
・サッカー→蹴球
・アナウンサー→放送員
・レコード→音盤
・マッチ→当て擦り
・オーケストラ→楽隊屋

二月二十日（土）

佐藤賢了*軍務局長、依然として議会の答弁に重きをなす。反戦、反軍の言説に対しては、いかなる高位高官の者とても断乎処分すると言った。軍の独裁である。

支那の中支方面において積極的戦争が始まる。おそらく先方が攻撃に出てきているのであろう。人口五億人の国が攻撃に転ずれば、これに何十万の兵隊を永遠に必要としよう。

議会において青木一男*大東亜相が、蔣介石*は絶対に交渉の相手とせずと言った。討伐《とうばつ》あるのみと東條首相も言った。相手も同じことを言っているようだ。日米交渉〔開戦前〕当時、支那が最も米国の妥協に反対した事実に鑑みれば。

軍事力が結局、問題を解決し得る手段かどうかは、最もよく今回の戦争が教えるであろう。

二月二十二日（月）

林知彦君、副領事となって上海に行く。土曜日、郡司喜一君と夕飯を共にする。

**翼賛選挙の推薦制度**
1942年の衆議院議員総選挙で、東條内閣は、戦争を遂行するために翼賛政治体制協議会による候補者推薦制度を設けた。非推薦候補に選挙干渉が加えられ、当選議員の8割以上を推薦候補が占めた。

**佐藤賢了**（さとう・けんりょう）
陸軍中将。太平洋戦争が始まると、陸軍相の軍政を支える陸軍省軍務局長に就任。東條英機の側近。戦後、A級戦犯として終身刑となるが、のち釈放。

**青木一男**（あおき・かずお）
1942年に発足した大東亜省の初代大臣。大蔵省出身で企画院総裁や蔵相を歴任。戦後は、A級戦犯容疑者として収監されたが釈放される。追放解除後、浪花節文化が果実を与えてきた。大東亜戦争は浪花節文化の仇討ち思想である。新聞は「米利犬《メリケン》」と言い、「暗愚魯《アングロ》」と言い、また宋美齢*のワシントン訪問に、あらゆる罵詈雑言《ばりぞうごん》的報道をしている。そうすることが戦争完遂のために必要と考えているのだ。

何故に高い理想のために戦うことができないのか、世界民衆に訴えて、その理性をとらえうる如き。ああ。

材木を盛んに切る。船を造るためだ。結構だが、何かやり出すと一定の限度を超えるのが日本人だ。今度も機械力その他を顧みずにやる危険がある。洪水が出よう。大乱伐になろう。——科学的に調査せよ。どれだけの量を必要とするかを。

## 二月二十五日（木）

青木大東亜相と佐藤軍務局長が、昨日、議会で「アジア諸国の国府の独立と創意を尊重し内政に干渉せず」と発言した。佐藤局長は「米国も戦争目的がなくなったのだ」と言った。何故にこのような発言をしたかはわからないが、

一、支那の討伐が続いて、とても大変なこと

---

参議院議員（自由民主党）。

**蔣介石**（しょうかいせき）　国民政府主席。孫文の後継者として北伐を完遂。反共政策を推進するが、抗日戦争のため国共合作を行う。戦後の国共内戦に敗れ、台湾に移り中華民国総統となった。

**宋美齢**（そうびれい）　蔣介石夫人。米国留学で流暢な英語を身につける。戦時中、米国全土を巡って抗日戦への援助を訴え続け、対国民政府の支援を引き出した。宋家の三姉妹の三女。

二、汪政権から国旗問題の質問、応答などで逆につっこまれはしなかったかと疑われること

三、米国の強敵であることが、ようやく判明したこと

などであろう。最初からこうした政策をとっていれば、支那事変*も解決し、大東亜戦争も起こらなかったろう。現実に突き当たらなくてはわからないのだから大憂に堪えない。今頃これを言えば弱いことを示すにすぎない。

大東亜戦争は封建主義の開化主義に対する勝利だ。

## 三月四日（木）

各方面で英米を憎むことを教えている。秋田県横手町の婦人会は、チャーチル*とルーズベルト*の人形を吊って、女子供が出てザクリザクリ突き刺していると今朝の『毎日新聞』が報じた。世界新秩序も何もなく、ただ封建時代の仇討ち思想だ。そしてこれを指導するのが、そうした旧時代的思想人だ。

一方、支那に対する政策の転換はコンプリートだ。これと自由主義外交と何の相違があるのか。

**支那事変**
盧溝橋事件に始まる日中戦争に対する日本側の呼称。日華事変ともいう。政府の戦争不拡大方針を無視した軍部が首都南京を占領し戦線を拡大。国民政府と中国共産党は抗日民族統一戦線を結成し、米国、英国の援助を受け抗戦を継続。戦争は長期化し、太平洋戦争へとつながった。

**ウィンストン・チャーチル**
英国首相。海相、軍需相、陸相、植民相等を歴任。第二次世界大戦の最も困難なときに首相に就任。強力な指導力を発揮して連合国の勝利に貢献したが、勝利直前の総選挙に敗れて下野。

**フランクリン・ルーズベルト**
米国大統領。世界大恐慌の危機

三月十八日(木)

内閣に顧問が置かれる。それはことごとく実業家であり、また最年少者が豊田貞次郎*の五十九歳である。「若い者」の世界が、今どこにある。同時に官吏専制の夢が、実行してみて駄目であることが明らかになったことを示す。しかし国民の貧困化と一部の富裕化が、革命の機運を招致することもまた明らかだ。この国の運命安からず。

三月二十日(土)

米国では、毎木曜日に戦後経営について討議する会ができたとのこと。日本では戦後のことを話せば、すべてこれデフィーテスト〔敗北論者〕として非難され、あるいは罰せられもするだろう。

三月二十二日(月)

我が国において敵を憎むことを教えている。たとえば星条旗を足で踏む如し。戦争目的は、そうした感情よりも遥かに高くなければならないのに。昔の仇討ち思想では世界新秩序の建設は不可能である。高い理想を打ち立て、その理想

下に大統領就任。ニューディール政策により景気回復に努める。第二次世界大戦で強力な指導力を発揮したが、終戦を目前に脳溢血で死去。

**豊田貞次郎**(とよだ・ていじろう)海軍大将。近衛内閣の商工相になり予備役。のち外相兼拓務相として日米交渉にあたる。退任後、日本製鉄社長。鈴木貫太郎内閣の軍需相兼運輸通信相となり敗戦。戦後、公職追放。

の実現を米国が阻《はば》むというのでなければ駄目である。

四月十三日（火）

幕末の江戸城明け渡しの頃のことである。勝海舟《かつかいしゅう》は榎本武揚《えのもとたけあき》に軍艦引渡しを交渉した。勝と西郷隆盛《さいごうたかもり》との話し合いの結果である。勝は榎本に説いて、「一隻でも二隻でもいいから、官軍に引渡せ、そうすれば徳川家は安泰だ」と言った。榎本は承諾する。もとより幕府内部には反対があった。

軍艦受け取りに赴いた飯牟礼喜之助《いいむれきのすけ》、奥春輔《おくしゅんすけ》は、官軍が単に半分、しかも劣弱なものしか受け取れなかったことを総督府に詰問する。西郷これに答えていわく、「文句があるのはわかる。だが、今もし官軍が良艦を取り、幕軍に劣等の艦のみを残せば、朝廷は軍艦欲しさに良艦を貪り取ったと言われよう。もはや勝敗の大局は我らの勝利に決した。勝った我らが譲り、負けた彼らに良艦を与えるのが最も公平ではないか」と言った。大西郷はさすがに偉かったと思う。

## 四月二十四日（土）

メートル法反対の岡部長景子爵*が文部大臣になった。東條らしい人事である。メートル法反対一本槍のところに、この人の些末主義がある。形式的であり、懐古的《かいこ》である。文相は近来、すべて素人だ。荒木貞夫大将*もそうだし、橋田邦彦*とてもそうだ。国家のために深憂に堪えず。しかしどうにもならない。

昨年四月十八日の帝都空襲の米国人を死刑に処したので*、米国が日本を野獣のように言っている旨を今朝の新聞は報じた。そして記事に対し、米国はけしからんと抗議が来たそうである。米国その他の世論がいかに悪化しているかは想像に足る。この前の第一次世界大戦のドイツに対するように。この世論が、結局戦争遂行にどんなに大切なものであるかは、今の日本の指導者には絶対にわからない。力主義のみだからである。

日本にては開戦の文書も発表されず、これら俘虜《ふりょ》の問題などについても一切、国民に知らされない。そして新聞は米国の秘密主義を攻撃している。日本の民衆の知識は、この程度のものだろうか。そうだとすれば駄目だ。

新しい時代には言論の自由の確保ということが、政治の基調とならなくてはならない。

**岡部長景**（おかべ・ながかげ）東條内閣の文相として、学徒動員、勤労動員計画をまとめた。メートル法の施行に対し、国民精神を損なうとして強硬に反対した。

**荒木貞夫**（あらき・さだお）陸軍大将。天皇親政の下で国家改造を目指す皇道派の重鎮。第一次近衛内閣・平沼内閣の文相に就任すると、皇道教育の強化を前面に打ち出した。戦後は、A級戦犯として巣鴨プリズンに拘置され、極東国際軍事裁判で終身禁固刑の判決を受け服役する。

**橋田邦彦**（はしだ・くにひこ）東京帝国大学教授。多くの生理学・医学の業績を残す。近衛、

## 五月一日（土）

徳富蘇峰*、相変わらず英国批評をやっている。だが、その趣旨については論じていない。ただ彼に英国を論ずる資格があるか。彼の如き議論は、世界に通じない。徳富が戦争最大の責任者なのは多言を要しない。

## 五月三日（月）

アリューシャン列島のアッツ島を熱田島、キスカ島を鳴神島と名づけたのは、名前を変えることを喜ぶ役人的考え方にもよるが、また戦争を甘く見ていた証拠だ。

それにしても何故、米国に対し「米国通」を利用しないのだろう。クリップス*を利用し、グルー*を利用し、いやしくも知識のある者は何人でも利用するという敵に比べ、この点では遺憾ながら劣っている。

## 五月十五日（土）

アッツ島に敵軍が上陸したと*新聞は伝える。いかに犠牲の多きことよ。かつてこの島を熱田島、キスカ島を鳴神島と命名し、大本営発表にもその名がある。

---

東條両内閣の文相として、戦時下の教育行政を担当した。戦後、A級戦犯容疑者として指名され、服毒自殺。

**米軍機搭乗員の処刑**
1942年4月18日に空母から発進した米軍機が日本本土に対する最初の空襲を実施。米軍機は中国大陸に不時着したが、搭乗員8人が日本軍の捕虜となった。搭乗員は民間人に対して機銃掃射を行った戦争犯罪人として死刑を宣告され、うち3人が処刑。この処刑を、米国は翌年4月23日に報道し、日本政府を非難した。

**徳富蘇峰**（とくとみ・そほう）
国民新聞を発刊し平民主義を唱えたが、日清戦争後は国家主義に転じた。戦時中は軍部と結びつき、日本文学報国会会長、大しかし今はアッツ島と発表する。取られたときのことを考えての結果であろう。名前を変えることの好きな幼児性の暴露だ。子供の知識しか持たぬ者が政治をやっている！

五月十七日（月）

遅れてゐた国民学校六年生用の教科書も地理附図だけを残して全部子供の手に渡つた▲その新しい地理書は全巻大東亜のことだけで埋められ、第一章は総論としての「大東亜」、最後の第十二章が「太平洋とその島々」、その中間の各章が共栄圏の国々である▲去年までの本は初めの約半分は日本の外地であつたが、今年の六年生は、この部分は五年生のときに、謄写《とうしゃ》〈簡易印刷〉代用の応急別紙でもう済ませてゐる▲また去年までの本には六大洲全部があつたが、今度の本にはアジヤ以外の五大洲のことはきれいさつぱり抜いてある▲敵の米英蘭や味方の枢軸の国々のことを覚えさせなくていいといふのでなく、今の混沌状態ではその国々の境界などは教へやうにも教へやうがあるまい▲家庭で戦況の説明をしてやれば、どの国をも含む世界戦争であるだけに、大抵《たいてい》の所には触れられる▲差当《さしあた》り第二の国民がはつきり摑《つか》んで置か

日本言論報国会会長として言論界に君臨した。戦後、公職追放。

スタッフォード・クリップス
英国労働党左派の活動により党を除名されるが、その経歴をチャーチル首相に買われ、モスクワ駐在大使に抜擢。後にインドの民族運動の特使として派遣され、英国の戦争への協力を求める交渉を行った。

ジョセフ・グルー
日米開戦時の駐日米国大使。日米開戦の回避に努めた。帰国後は国務次官となり、占領政策立案・終戦交渉に尽力。天皇制の存続など、終戦後の対日政策を進言した。

アッツ島の戦い
1943年5月12日、アリューシャン列島のアッツ島に米陸軍

なくてはならないのは「大東亜」であり、そこで他所見《よそみ》もせずに働けばいゝと解すべきだらう▲「濠洲〈オーストラリア〉は大きな土地で羊毛や小麦のたくさん産するところですが、その南東にあるニュージーランドとともに人口はいたつて少い地方です」▲「皇軍はアリューシャン方面へも力強く作戦してゐます」と今の太平洋南北の激戦地帯に言及してゐる▲このごろ国民学校で地理を教へることは非常にむづかしいといふ。都市の人口や各地の産業の数字は国家機密であるし▲前には師団司令部のあることや鉄道および航路などは主要教目だつたが、今はその全部を教へるわけには行かない▲しかし余りびくびくしてゐては子供には何もわからなくなる惧《おそ》れもある。

（『東京日日新聞』五月十七日付）

文部省の連中が定見なく、フラフラであることがこの国定教科書でわかる。

五月二十日（木）

嶋中君とゴルフの約束をしたが折からの雨で駄目。梅雨に入ったらしい天候だ。

第七歩兵師団の約1万2000人が米海軍の戦艦などの援護のもとに上陸。山崎保代大佐が指揮する約2500人の島守備隊は17日間におよぶ激しい戦闘の末、玉砕した。大本営はアッツ島失陥を発表する際、玉砕という言葉を初めて使った。

小麦の収穫が非常に悪い。よくて三割、だいたい五割前後の減収とのこと。食糧問題の悩み。世界の歴史において一国の政治が、かくの如く低級無知なる人間の一団の手に落ちた例があるだろうか。

田中耕太郎*博士の支那から帰っての話に、支那人は治外法権撤廃の何のということよりも、現実に食を得たいと希望していると。昨年、上海あたりでは千三、四百人が餓死しているとのことだ。これは橘氏の話。

## 五月二十二日（土）

山本五十六*大将の戦死が昨日発表された。僕は臼井弥枝君と神谷という信州の小学校長と日本倶楽部で話して、朝日新聞社前でこれを知り茫然とした。これだけ大きなニュースは近頃なかった。山本は日米戦争に反対だった。海軍次官の彼は、はやる陸軍の対米戦争指導を食い止め、一時は非国民とさえも言われたものだ。彼は公然陸軍に抵抗した。しかし、一度国策が決まれば黙して戦うと言って、火ぶたを切った。すなわちこの戦争は彼の好まない戦いであった。

**田中耕太郎**（たなか・こうたろう）法学者。東京帝国大学教授。戦後は、吉田茂内閣の文相、最高裁長官、国際司法裁判所判事等を務めた。

**山本五十六**（やまもと・いそろく）元帥海軍大将。米国駐在武官、航空本部長、海軍次官、連合艦隊司令長官等の海軍の要職を歴任。太平洋戦争で、真珠湾攻撃、ミッドウェー海戦等を指揮。ソロモン諸島上空で撃墜され戦死。

**谷崎潤一郎**（たにざき・じゅんいちろう）小説家。戦時中、大阪の旧家の四姉妹の日常を綴った長編小説「細雪」が月刊誌の中央公論に掲載されると、軍部から内容が戦時にそぐわないと掲載を差し

**五月二十四日（月）**

『中央公論』の小説「細雪」（谷崎潤一郎*）は評判のものだったが、掲載を中止した。「決戦段階たる現下の諸要請よりみて、あるいは好ましからざる影響あるやを省み、この点遺憾にたへず」と社告にある（『中央公論』六月号）。

**五月二十六日（水）**

谷萩*報道部長が二十五日、横浜公園市立音楽堂において枢軸側の勝利が絶対であること、戦争が長期にわたればわたるほどいいと演説した。要は「米国の生産は、彼らが言う六割程度」「米国において飛行機事故が頻発しているのは、労働者が思想的に悪化し、わざと手抜きをしている結果で、米国民の反戦気分を表示するものだ」「兵は器に非ず、気なり。魂だ。米兵は粗製乱造品だ」「米国はその生産において本年がピークだ」といった点だ。谷萩部長の言ったところはゴムやキニーネの問題など、戦前、軍部や中野正剛*あたりが言ったことと同じだ。果してそれが正しいかどうかは今後の事実が示すだろう。

止められた。それでも執筆を続け、戦後に全編を発表すると、ベストセラーになった。

**谷萩那華雄**（やはぎ・なかお）陸軍少将。太平洋戦争が始まると、陸軍報道部長として言論統制を強化。改造に掲載された細川嘉六の「世界史の動向と日本」を共産主義の宣伝ときめつけ、改造を発売禁止、細川を検挙。特別高等警察によって言論が弾圧された横浜事件のきっかけとなった。

**中野正剛**（なかの・せいごう）東京朝日新聞記者を経て、衆議院議員。満州事変後に国家社会主義を信奉、思想団体の東方会を組織し、総裁として全体主義運動を推進。戦中、東條内閣打倒を策して逮捕され、釈放直後に自殺。

## 五月三十一日（月）

昨日、アッツ島の日本軍が玉砕した旨の放送があった。午後五時大本営発表だ。今朝の新聞を見ると、最後には百数十名しか残らず、負傷者は自決し、健康者は突撃して死んだという。

これが軍関係でなければ、左記のような疑問が起こって社会の問題となっただろう。

第一、谷萩報道部長の放送によると、同部隊長の山崎保代*大佐は一兵の援助をも乞わなかったという。然らば何故に本部は進んでこれに援兵を送らなかったか。

第二、敵の行動はわかっていたはずだ。アラスカの完備の如きは特に然り。何故にこれに対する善後策的備えをせず、孤立無援のままにしておいたか。

第三、軍隊の勇壮無比なることが、世界に冠たるものであればあるほど、その全滅は作戦上の失敗になるのではないか。

第四、作戦に対する批判の全くないことが、その反省を皆無とし、したがって同じ失敗が繰り返されるわけではないか。

第五、次に来るものはキスカだ。ここに一個師団ぐらいがいるといわれる。

山崎保代（やまざき・やすよ）陸軍中将。アッツ島守備隊長として17日間の激闘の末、自ら先頭に立ち玉砕。死後二階級特進。

玉砕主義は、この人々の生命をも奪うであろう。それが国家のためにいいのであるか。この点も今後必ず問題になろう。もっとも一般民衆にはそんなことは疑問にはならないかも知れない。ああ、暗愚なる大衆！

軍神を多く出させることなかれ。山崎部隊長、山本元帥、佐久間勉艇長*、ハワイ九軍神*、いずれも悲劇でしかない。それは戦いの激しさを示す。

## 六月一日（火）

アッツの犠牲悲し。我らは他の意味で不安を感じる。戦争が不利になってい くにしたがって、国内に対する圧迫が甚《はなは》だしくなっている。

どの新聞もアッツの「仇を討つ」といった言葉に満ちている。「この仇を討つ兵器を送れ」（『毎日新聞』社説）、「忘るな、五月二十九日！」（『読売報知』）。

## 六月三日（木）

朝、ラジオで徳富蘇峰の講演あり。ペリー*には日本占領の意図があった、彼の像を建てた如きは、もっての外だという。また日露戦争にセオドア・ルーズベルト*が仲介したのを感謝する如きも馬鹿馬鹿しいことだという。米国は好戦

佐久間勉（さくま・つとむ）
1910年4月、潜水艇が潜航訓練中に沈没。ガスが充満する艇内で乗組員全員が持ち場を離れず死亡。佐久間艇長は明治天皇と部下に謝罪する遺書を残した。

ハワイ九軍神
真珠湾攻撃で、特殊潜航艇に乗り組み湾内に侵入して未帰還となった海軍大尉9人が祖国に殉じた九軍神として賛美された。

マシュー・ペリー
江戸時代末期、東インド艦隊司令長官として浦賀に来航し、米国大統領の親書を幕府に渡して

国民である。仁義道徳のなき国だ。そうしたことがその講演の内容だ。

先頃、山本提督の死のときにも講演し、このところ、徳富時代である。この曲学阿世《きょくがくあせい》〔真理をまげて世間や権力者に忖度する言動〕の徒！　この人が日本を誤らせたこと最も大なり。

明治政府においては「脱籍《だっせき》の者等といえども、真に悔悟状罪条理あい立ちそうろう上は、自ら公平穏当の処置に出づ」（国民史本日分――岩倉具視の書簡）のであった。榎本武揚などは、そのため許されている。昭和維新――大東亜戦争の時代においては、断じて許されない！

## 六月十二日（土）

大阪、神戸、名古屋、京都へ講演旅行に行って十一日帰宅。小林一三*氏との打ち合せ会も兼ねた。

一、まず物資の偏在に驚く。大阪方面では、あるものは非常にある。輸出が止まり、国内の他の方面にも送れないからだ。

二、ホテルには砂糖がない。塩がない。一流ホテルでもだ。オリエンタル・ホテルでバターがないのである。近くで飯を食っている者が、痰《たん》を吐い

開国を迫った。その翌年、再度来日し、日米和親条約を結んだ。

セオドア・ルーズベルト　米国大統領。反トラスト法によるトラスト規制や資源保護に尽力。ポーツマス条約の斡旋による日本とロシアの講和を仲介した功績でノーベル平和賞を受賞。

小林一三（こばやし・いちぞう）　阪急電鉄をはじめとする阪急東宝グループの創業者。私鉄主導による沿線開発を推し進め、不動産業、小売業、東宝・宝塚歌劇団の興行など、数多くの事業で成功した。政界では、近衛内閣の商工相を務めて商工次官の

たりして不愉快だ。全く礼儀も常識も知らぬ世界となった。

三、池田市にハガキがない。官製ハガキがないのだ。民心に、かなり投げやりの気持ちを見る。

小林一三氏の談――

「大臣をやっていたとき、海軍の大佐が来て、『是非、その主張を貫徹してくれ、海軍はあくまでバックアップする』と言った。そうした関係もあって、岸信介*次官問題に積極的だった。ところがいよいよ問題が進捗すると海軍はいっさい手を引いた。こういうことで陸軍と正面衝突をすることは好ましくないと考えたらしい」

「自分は枢密院で『赤』（共産主義）の弾劾をやろうと思った。すなわち誰かに小林大臣が『脱税しているというのは事実か』と聞かせる。そこで陛下の御前で赤の陰謀を根こそぎに暴露しようと決心した。これに対し、池田成彬*も賛成しなかったし、誰も賛成しなかった」

「形勢が悪いと見たから、僕は近衛文麿*首相に辞表を出した。彼は貴族院議員がいいか、それとも枢密院がいいかと言った。枢密院には実業家代表が深井英五*しかいない。僕は枢密院は始終出席しなければならないから困ると言った。

岸信介と対立し、岸を赤であると批判した。

**岸 信介**（きし・のぶすけ）戦前は農商務省、商工省の要職を歴任。満州国では国務院高官として満州産業開発五カ年計画を実施。東條内閣では商工相として開戦の詔勅に連署し、戦時経済体制を推進した。戦後、A級戦犯容疑者となるが不起訴。公職追放解除後、政界復帰。

**池田成彬**（いけだ・しげあき）三井合名会社筆頭常務理事として三井の改革を遂行した。三井退職後、日本銀行総裁に就任。第一次近衛内閣の蔵相兼商工相等を歴任した。戦後は、戦犯容疑は晴れるが、公職追放となり隠遁。

田舎に隠れたかったのだ」

実業家は全体として、現在の統制経済は「赤」であり、共産主義者の指令によって動いていると固く信じている。

## 六月十六日（水）

昨夜、太田永福君と成沢金兵衛君が来訪。半年のうちに二人の男子を胸の病気で失ったとのこと。気の毒なり。

太田君の話――

友人のところに千五百人の職工見習いが来た。その会社が軍需産業と認められたからだ。ところが、これを訓練するのには六ヶ月かかり、かえって熟練職工の能率を削いでいる。その上に寄宿舎もなく、布団もなく、食料もない。そこで警視庁に行って、配給切符を得たが、布団綿は東京で得られず、京阪名古屋あたりを回って、ようやく五百人分を得て、一枚ずつ与えているという。

議会開会。企業整備と労務省の再配置――労務対策は賃銀据え置き停止の小出し変更。

形式主義はすべてにあらわれている。外交に、統制に、政治に。

**近衛文麿**（このえ・ふみまろ）三度にわたり首相に任命。第一次内閣で日中戦争に突入。第二次内閣で大政翼賛会を発足、日独伊三国同盟を締結。第三次内閣で日米交渉が行き詰まり総辞職。戦後、戦犯に指名され、服毒自殺。

**深井英五**（ふかい・えいご）日本銀行総裁。徳富蘇峰の国民新聞社、松方正義蔵相秘書官を経て、日本銀行入行。関東大震災、昭和金融恐慌等の歴史的大事件に対して円滑な金融の確保に努めた。二・二六事件後、総裁を辞任。

六月十七日（木）

谷川徹三君の話——

支那の大学生のうち、五、六割は排日、一割は親日、他は日和見であると南京で言った。北京に行ってそれについて聞いたら、だいたいそうだが、日和見が多かろうと言った。

柳沢健君の話——

支那とタイは同じような状態にある。日本の国策映画は入場者六、七人。仕方がないから、その後にドイツ映画をやった。ところがエノ健*などをやるとワッサワッサ人が来る。

「どうぞ、国辱ものを輸出してください」と僕は情報局に話した。

六月十八日（金）

嶋中雄作君の話——

中央公論社だけは陸軍省へ出入りを差し止められたと。何でも谷崎の「細雪」を早く取り止めなかったからというようなことであったらしい。

榎本健一（えのもと・けんいち）エノケンの愛称で活躍した喜劇俳優。軽快な歌と踊りで喜怒哀楽を演じ、舞台、映画、ミュージカルで全国的な人気を博す。

## 六月十九日（土）

現在、世の中に幅をきかしている者は馬鹿か便乗主義者である。

野口米次郎*、徳富蘇峰、久米正雄*その他がいる。鶴見祐輔*、永井柳太郎*の如きもその一人であろう。出世主義者の世の中だ。

室伏高信*の話に、大東亜戦争前に、情報局の間接後援で、高田保馬*、本位田祥男*その他の学者が集まった。開戦を促すためである。そのうちで戦争に反対したのは室伏のみ。中に天羽英二*がいたが、これは反対のような口振りだったという。役人は当てにならず。

## 六月二十日（日）

スバス・チャンドラ・ボース*が東京に来た。彼は確かにインドの有力者である。しかしこの新聞の取り扱い方はどうか。昨夕も今朝も、全くその記事だけだ。依然として重要性のプロポーション〔割合〕がわからない。彼が有力者であろうとも、どうすることができるのだ。これらも広汎なる知識のない証拠である。

**野口米次郎**（のぐち・よねじろう）
詩人、小説家、評論家。英文詩集を刊行して英米詩壇で名声を得て、各国詩人との親交を深めた。20世紀を代表する芸術家イサム・ノグチの父。

**久米正雄**（くめ・まさお）
小説家。戦中は、内閣情報局と大政翼賛会の勧奨によって文学活動に対する統制を目的に結成された日本文学報国会の事務局長を務めた。会長は徳富蘇峰。

**鶴見祐輔**（つるみ・ゆうすけ）
鉄道院退官後、欧州などを歴訪し、海外の対日世論緩和のために民間外交の推進に努めた。のち政界に入り、米内光政内閣の

六月二十二日（火）

一昨日、小汀利得*に招かれて歌舞伎を見た。小汀は芝居を見ると泣けて仕方がないそうだ。彼ほどのファイターはないのに、この一面あり。ファイターとは情熱家のことである。

伊藤正徳*が、不愉快なのは徳富蘇峰、武藤貞一*、斎藤忠*といった如き鼠輩《そはい》〔小者、雑魚〕が威張り散らしていることだと言った。

六月二十四日（木）

石川達三*、中川龍二両氏とゴルフをする。

信州南安曇郡あたりでは今春、犬を全部殺してその毛皮を軍に献納した。

医者は皆保険医で、その代価は村役場から取るそうだ。すなわち患者が病気になれば、医者は彼に投薬ないし注射をする。その代価は村役場に請求するが、そこで値段を鑑定し、適当な値段を支払う。したがって医者が請求するだけを払うのではない。そして誰もがその保険会員であり、保険料は租税に応じて出すのだ。

これらの中心は翼賛青年団*だ。高田甚市氏のところへ青年団が来て、レコー

内務政務次官、翼賛政治会顧問となる。

**永井柳太郎**（ながい・りゅうたろう）
早稲田大学教授として植民政策を講義。のち政界に転身し、拓務相、逓信相、逓信相兼鉄道相等を歴任。戦時中は、大政翼賛会常任総務・東亜局長を務めた。

**室伏高信**（むろふせ・こうしん）
日本評論主筆。日本主義、ファシズムに共鳴して太平洋戦争を賛美したが、敗戦が濃厚になると隠棲。戦後は、公職追放。

**高田保馬**（たかた・やすま）
社会学者、経済学者。京都帝国大学教授、民族研究所所長等を歴任。総合社会学を否定し、人々の結合を重視する立場から独自の社会学理論を確立させた。

ドや本で米英的なものは全部出せと言った。さすがに「どれがいけないのか」と言って一部を保留したらしい。銅鉄は、仏壇の灯明まで出したとのこと。土橋のところでは五百貫も出したとか。

いずれも実話である。老人連中は「行きすぎだ」と非難するが、どうにも仕方がない。青年団の勢力かくの如し。特に信州の青年は、かつて「赤」化しただけに、その行動は徹底的である。

## 六月二十七日（日）

翼政会より中野正剛、*鳩山一郎、*白鳥敏夫*らが脱会。一時、好まなかった中野、鳩山らも参加せざるを得なかった空気だったのに、今は脱会も不思議でなくなった。

不思議なのは「空気」であり、「勢い」である。米国にもそうした「勢い」があるが、日本のものは特に統一的である。この勢いが危険である。あらゆる誤謬《ごびゅう》がこのために犯される恐れがある。

本位田祥男（ほんいでん・よしお）
経済学者。東京帝国大学教授、大政翼賛会経済政策部長等を歴任。戦後、公職追放。

天羽英二（あもう・えいじ）
東條内閣の情報局総裁。外務省情報部長時代、列強による中国援助に反対する声明を非公式談話として出し各国の反発を招く。戦後、A級戦犯容疑者となるが不起訴。

スバス・チャンドラ・ボース
インド独立運動家。ドイツと日本の潜水艦、日本軍機で来日。日本の支援を得て英国からの独立闘争を推し進めた。インド国民軍を組織して日本軍に協力したが失敗。日本敗戦後、飛行機事故で死亡。

## 七月一日（木）

今日から「東京都」になる。名前を変えることを好むあらわれがまたここに実例を見る。もとより府、市に弊害はあり。だが、それを戦時下に変更しなければならないほどの必要があるのか。

## 七月二日（金）

上海共同租界*を支那に返す。在支の日本人はおそらく不平を言うだろうし、国内の右翼も憤慨するだろう。領土占領以外に、実際問題として何の支那問題があるか。領土拡張を目指した挙句、結局これでは彼らも心外に思うだろう。そして東條首相に不平が集まるだろう。彼らは、

一、東條という軍部代表者では、上海租界、治外法権を手放さざるを得ないという事情を反省することはできないであろう。

二、武力政策が結局大損をすることも反省し得ないであろう。

三、世界および支那は、この日本の譲歩を、必ずサイン・オヴ・ウィーキネス〔弱点の露呈〕と思うだろう。

四、形式的なことに重要性を置く現代日本の思潮がここにもあらわれている。

**小汀利得**（おばま・としえ）中外商業新報（現日本経済新聞）で、経済部長、編集局長、主筆、社長を歴任。公職追放解除後、評論家として活躍した。

**伊藤正徳**（いとう・まさのり）海軍に精通した軍事評論家。戦前・戦中は時事新報の海軍記者として活動し、戦後は第二次世界大戦の戦記を執筆。

**武藤貞一**（むとう・ていいち）報知新聞主筆。対米戦を主張する軍事外交評論に筆をふるった。

**斎藤　忠**（さいとう・ちゅう）国防・軍事・国際政治評論家。読売新聞論説客員、大日本言論報国会常務理事等を歴任。戦後、公職追放。

すなわち形式問題を片づければ（治外法権その他の返還）、それで支那人は喜ぶだろうと思うことだ。彼らの欲するものはパンだ。法律ではない。

五、しかし一度、これを返せば、もはや永遠に権利は去ったのだ。これが果して支那と、世界のためだろうか。治外法権は別として、租界は支那に害悪を与えるだろうか。

六、共同租界を返還したことは、支那人の内紛問題から見ても、誤りであったと僕は思う。ただし、どうせいつかは返さねばならない。今返すことは結局いいだろう。こんな政治をやっている以上は。

## 七月三日（土）

今日はゴルフのPGAがある日だが、昨夜より雨がひどい。ゴルフなどはどうでもよし。この雨は百姓たちにはどんなにいいことか。

ソロモン群島のレンドバ島に敵兵が上陸した旨、大本営より発表あり。アッツ島の例が繰り返されるかもしれないことを恐れる。

全軍自殺の道徳観が、インテリからは無論であるが、軍自体により検討され

**石川達三**（いしかわ・たつぞう）
移民船でブラジルに渡った経験と移民の実態を描いた「蒼氓」で芥川賞を受賞。日中戦争特派員の体験をもとに日本兵による略奪や女性殺害などを描いた小説「生きている兵隊」を中央公論に発表すると、反軍的な内容として即日発禁処分となり、自身も有罪判決を受けた。

**翼賛壮年団**
大政翼賛運動を推進するために青壮年の有志を結集した団体。全国団の下に道府県団、郡市区町村団が組織された。

**翼賛政治会**
1942年5月、東條首相の提唱により、挙国一致の政治体制を強化するために結成された政治結社。衆議院議員、貴族院議員、言論界や財界の代表が参加

る日が来るであろう。それは自己の利害と最も強く対立するからだ。また国家的損失でもある。

一方において封建主義が注入され、他方においてその実行が試みられ、破綻を招いていく。この矛盾が、どういう形式になっていくか。

## 七月七日（水）

支那事変六周年である。朝のラジオは「支那を操るのは米英である。蔣介石のみが取り残され、支那民衆は日本と共にある」といったことを放送した。この考え方は支那事変六周年を経て、まだ日本国民の頭を去らないのである。

米英を撃破したら、支那民衆は直ちに親日的になるのか。支那人には「自己」というものは全然ないのか。

この朝、また例によって満州国、汪精衛、フィリピンのバルガスその他要人に日本の政策を讃美させて放送した。かかる幼稚な自己満足をやっている以上は、世界の笑い物になるだけである。

した。略称は翼政会。

**鳩山一郎**（はとやま・いちろう）犬養毅、斎藤実両内閣の文相を歴任。1942年の翼賛選挙では翼賛会非推薦で当選。東條内閣を批判し翼賛政治会を脱会。その後、軽井沢で隠遁生活を送った。戦後、公職追放を受けるが、解除後に日本民主党総裁として首相となった。

**白鳥敏夫**（しらとり・としお）外務省情報部長、駐イタリア大使等を歴任。日独伊三国同盟の成立に大きな影響を与えた。1942年の翼賛選挙で衆議院議員に当選。戦後、A級戦犯として終身刑の判決を受け、服役中に病死。

**上海共同租界**
上海租界のうち、フランスを除

## 七月十日（土）

朝、下村海南*〔宏〕氏よりゴルフの誘いあり。行く。

昨日、富士食糧工業会社（富士アイス）の総会あり。払い込みが決定した。僕は勧業銀行から借金する他なし。

昨夜、国民学術協会*評議会あり。席上、嶋中理事より、講演会（哲学）を中止した事情について陳述があった。

「陸軍報道部より学術協会の講演会の顔触れがけしからん、と言われた。そこで中止にしたのだが、これには『中央公論』との関係がある。『中央公論』は正月の谷崎の『細雪』が有閑マダムを主題にしたもので、時局を知らぬと非難されていた。二回でやめたが、その頃から陸軍は感情を害した。そこへ京都派の哲学者の座談会があって、それが気に入らず、また清水幾太郎*のアメリカニズムの研究その他が悪い、『中央公論』を潰すというようなところまでいった。情報局も内務省も、殊に海軍などが、あまり気にしないことからますます感情を害したようだった。それに編集者が一応の弁解をしたことも結果を悪くした。七月号の目次を見て、これでは少しも自粛していないではないかと言われたので、思い切って休刊にしたのである。その後、直ちに国民学術協会の広告が出

---

いた数カ国が管理していた共同租界。1943年7月、工部局の画策で汪兆銘政権下の上海市政府に返還された。

**下村 宏**（しもむら・ひろし）
東京朝日新聞副社長を経て、貴族院議員。日本放送協会会長、鈴木内閣の国務相兼情報局総裁として、戦時下の言論、報道の中枢を担った。歌人の号は海南。

**国民学術協会**
学派学閥を超えて文化学術の発展に寄与することを目的として設立された民間の学術団体。発起人には、清沢洌や嶋中雄作らが名を連ねた。

**清水幾太郎**（しみず・いくたろう）
東京朝日新聞学芸部専属、読売新聞論説委員として筆をふるう。

戦後は、二十世紀研究所所長、学習院大学教授。

て、それが感情を刺激した。内容ではなしに、単に顔触れを見てのことだけである。性格が悪いというのだ」

## 七月十一日（日）

新聞に対する当局の指令は滑稽《こっけい》なほど周到だ。後のため左記の事項を書き残す。インド国民軍が俘虜によって編成されている事実も禁止事項によって知り得た。

ある記事を情報局が新聞に与えた。翌日、出たのを見るとまるで異なっている。カンカンに怒って呼びつけて調べてみると、その晩に軍報道部で訂正したことがわかった。情報局、振りあげた拳を下ろすところに困る。

## 七月十二日（月）

海鷲《うみわし》〔海軍飛行兵〕の志願者が、学生からたくさん出る。募集しているのだ。早稲田の如きは千九百九十八人がすでに志願し、東大は四百五十八人という有様だ（『毎日新聞』十一日付）。英国ならば、この大学生を採用する場合に、選択して、人的合理化をするであろう。すなわちせっかくの大学教育を受けた者を、全部飛行兵にさせたら、それだけ他に穴が空くからだ。
しかし、こういうことを言い出す人は絶対になく、不合理が訂正されることなく進行していっている。

七月十四日（水）

物を知らない者が、物を知っている者を嘲笑、軽視するところに必ず誤算が生じる。大東亜戦争前に、その辺の専門家は相談されなかったのみならず、いっさい口を閉じさせられた。

ソロモン群島にて我が軍不利の情報を発表。憂慮すべし。敵は多大の犠牲を厭《いと》わないと報道する新聞は、かつて英米の個人主義、自由主義は堕落を極め、彼らに戦争などできるはずがないと報じた新聞ではないのか。

最大級の形容詞が流行する。「至妙至巧な我が水雷戦」とか、「古今独歩の大戦闘」とか。西南太平洋の戦争は、決してそのようなものではない。前哨戦だ。局部のみしかわからない証拠。

七月十五日（木）

僕はかつて田中義一*内閣のときに、対支強硬政策というものは最後だろうと書いたことがあった。田中の無茶な失敗によって国民の目が覚めたと考えたからである。

しかし国民はそのように反省的なものでないことを知った。彼らは無知にして因果関係を知らないからである。今回も国民が反省するだろうと考えるのは、歴史的暗愚を知らないものである。

内田七五三蔵君その他の話によると、地方では米国が戦争に勝てば、財産は取り上げられ、国民は殺されると固く信じているとのこと。無知はこの程度である。

田中義一（たなか・ぎいち）
陸軍大将。原敬内閣の陸軍相としてシベリア出兵を遂行。退役後、高橋是清の後を継いで立憲政友会総裁に就任。首相になり、治安維持法改正、社会主義運動弾圧などの政策を行い、中国に対して強硬外交を推し進めた。張作霖爆殺事件により総辞職。同年急死。

七月十六日（金）

翼賛会*で一番問題になったのが衣服問題だ。十五日から防空訓練が始まったが同じく服装問題が最大の問題。防空訓練の講評はこうだ。

服装　▽特に女の場合和服で出歩いてゐた者があるが、これは不可▽スト

大政翼賛会
1940年10月、近衛文麿らによって組織された官製国民統制組織。すべての政党が解散し加わった。総裁には首相が、各道

ッキングをはかずハイヒールの者がゐたが不可▽男の洋服でゲートルのない者は靴下をズボンにかぶせて応急の防空服装とすべきを、これさへもしてゐない一部があつた▽学童にして座蒲団でつくつた防空頭巾を持つてゐない者が相当あつた。

（『読売報知』七月十五日付夕刊）

七月十七日（土）

防空練習は、丸ビルでは警報があれば便所の中でも、ピタリと床に腹ばいになって、顔を地につけているという。その非常識、沙汰《さた》の限りだ。二十歳前後の者が、得意気に命令をして歩いている。

七月十八日（日）

東洋経済の『文明史』に関し、土屋喬雄*君は『産業史』を書いたが、資本主義および政府と結びついていて、そのままでは出せない。そこで、資本主義や政府に関する部分を削除しているそうだ。歴史を正直に書けない国だ。それは僕も経験がある。

府県支部長には知事が就任した。東條内閣では、産業報国会、大日本婦人会などを傘下に統合し、国民統制組織としての色彩を強めた。鈴木貫太郎内閣の国民義勇隊創設に伴い、統合解散。

**土屋喬雄**（つちや・たかお）経済学者。東京帝国大学教授。労農派の論客として活躍していたが、治安維持法の拡大解釈による人民戦線事件で大学を追放。

学生の海鷲への志願申込みが二万人を突破したそうだ。

## 七月二十一日（水）

朝のラジオは、朝鮮の李王殿下*が航空司令にご就任の由を伝え、かつ重要ポストに就かれた皇族方のご活動の例を挙げている。

皇族方が最重要ポストに就かれることが、ラジオが宣伝するように健全なる証拠であろうか。時局困難な折、その部署の失敗は、すなわちその責任者に責任が帰するのである。

また皇族方は、その実力から重要ポストに就任されているという印象を国民に持たせることができるであろうか。

東電記念出版のために、昭和年代の年表を作成中だ。満州事変*前の二、三年間にいかにストライキ、学校騒動、思想関係の事件が多いことか。陛下を狙撃しようとする企ても、難波大助事件*、昭和七年の朝鮮人の逆徒李奉昌事件*などあり。この不安と動揺とが、満州事変にあらわれたとも言い得るであろう。

この底流は、十年後の今日も、なお払拭されていない。この大東亜戦争の結果、何事かが起こらないと考えるのなら、そのことが不自然である。

戦後、大学に復帰。

**李垠（りぎん）**
大韓帝国最後の皇太子。韓国併合で日本の皇族待遇となり李王（りおう）と称された。

**満州事変**
1931年9月の柳条湖事件を契機に始まった関東軍による満州（中国東北部）への侵略戦争。政府の不拡大方針を無視した関東軍は全満州を占領し、翌年3月に満州国の独立を宣言。国際連盟はリットン調査団を派遣して、日本の撤兵を要求。日本はこれを拒否し国際連盟を脱退した。孤立した日本は、日中戦争、太平洋戦争へと突き進んだ。

**七月二十五日（日）**

日本人が、進んで災害を避ける積極政策を持ち合わせていない例は函館の火事*によって知れる。函館は何回となく大火を繰り返す。しかもこれをプレヴェントする〔防ぐ〕具体策を考究しない（最後の大火、昭和九年三月二十一日、全焼二万三千六百戸）。現在の教育による日本人では、断じて時局に関しこれを反省することはないであろう。

日本人の美徳はあきらめにあり。しかし積極的建設は到底不可能である。馬鹿な国民に非ざるも、偉大な国民に非ず。

**七月二十七日（火）**

ムッソリーニ*ついに辞す。枢軸国からイタリア脱落。二六会のようなところでも、皆遠慮して時局の談話には触れず。ただ困ったというようなことを繰り返すのみなり。

**七月三十日（金）**

水野広徳*氏から手紙あり。「盲腸炎」手術後の経過にいわく、

**虎ノ門事件**（難波大助事件）
1923年12月、無政府主義者の難波大助が散弾銃で摂政宮裕仁親王（後の昭和天皇）を狙撃した暗殺未遂事件。大逆罪により死刑。事件後、山本権兵衛内閣は警備の不手際の責任を取って総辞職。

**桜田門事件**（李奉昌事件）
1932年1月、上海の大韓民国臨時政府の抗日武装組織に所属していた李奉昌が、昭和天皇に手榴弾を投げつけて暗殺を狙った襲撃事件。大逆罪に問われ、死刑。犬養内閣が総辞職を表明したが、昭和天皇の慰留により撤回。

**函館大火**
1934年3月21日に北海道函館市で発生した火災。死者約2000人、焼失家屋約1万10

「老骨に加ふるに営養物絶無の折柄にて体力の回復遅々として捗《はかど》らぬにはじれったくてなりません。産めや殖《ふ》やせよの赤ん坊第一時代の事とて、我々老骨は一合の牛乳を得るにも医者、隣組、町会、区役所の証明を得て漸《ようや》く三日に一度か、五日に一度の配給さへも、三度に一度は腐敗して居るといふ有様にて、全く以て生ける印のある世の中に候。

時局の前途もいよいよ以て益々暗澹《あんたん》。ああ。日本は何処に行く？

開戦当時の国家の異端者か、非国民かの如く感情的に白眼視したる高等学生に対する軍当局の媚態こそ、腕力に対する智性の勝利であり科学に対する大和魂の降伏であります。人類は暗黙の間にも一歩一歩前進しつつあることを感ぜられます。

目先のきくムソリーニの逃げ出しこそ、桐一葉〔落ちて天下の秋を知る〕の感なくんばあらずではありませんか、鼎足《ていそく》今や一を欠く。三国同盟危いかな。

老生らは最早いくばくもなく、このまま朽ち果てるこそ、国のためでありますが、貴兄等はなお春秋に富まれる身とて更生日本のためご奮励あらんことを」

以上が水野大佐の手紙だ。同級の小林躋造*、野村吉三郎*らは世にときめくの

００戸の惨事となった。

ベニート・ムッソリーニ　イタリアの政治家。ファシズム体制を確立して独裁者となり、対外侵略を推進。日独伊三国同盟を結んで第二次世界大戦を強行。敗色濃厚になると軍部のクーデターによって失脚。ドイツ軍に救出されたが、ドイツ軍の敗北でパルチザンに捕らえられ銃殺。

水野広徳（みずの・ひろのり）　海軍大佐。日露戦争の体験をもとにした海戦記「此一戦」がベストセラーになる。第一次世界大戦後の欧州の惨禍を見て反戦平和思想を抱く。退役後、軍国主義批判、平和主義に立つ軍事評論家として、軍縮や日米非戦論を唱え続けた。しばしば発禁処分にあうも、その姿勢を貫い

に、それ以上の英才を以て気の毒である。

軽井沢のこの別荘に巡査が来て、防空準備をしろと注意したそうだ。この山の中の一軒家に防空用意を強いるところに、巡査の画一的——したがってまた常識の欠乏を知ることができる。

## 七月三十一日（土）

イタリアで新聞が自由主義的になったとベルリン当局が批評した。ファシスト、独裁主義が行き詰まれば自由主義は必然だ。

## 八月一日（日）

鶴見祐輔君の話ではムソリーニは監禁され、ファシスト党幹部八名同じく監禁された。軍部のクーデターだとのことである。最初、東條首相はこの報を得て、握りつぶそうとしたが、天羽情報局総裁が強言して発表させたのだと。

## 八月十六日（月）

九日の朝、上野駅にて二百数十円入りの財布をすられる。落したと言いたい

た。

**小林躋造**（こばやし・せいぞう）海軍大将。海軍次官、連合艦隊司令長官等を歴任。二・二六事件後に予備役。戦時中は早期終戦を唱えた。東條内閣退陣後に翼賛政治会総裁に就任。小磯内閣の国務相として難局にあたる。戦後は、戦犯容疑で巣鴨プリズンに収容されるが、後に釈放。

**野村吉三郎**（のむら・きちさぶろう）海軍大将。予備役編入後、学習院院長、阿部信行内閣の外相等を歴任。近衛内閣の駐米大使として太平洋戦争開戦まで日米交渉にあたった。

ところだが落した可能性はなく、すられたと言ったほうがよかろう。逓信省員の随行員天田輝男君も、そのスーツケースを盗まれる。
上野駅の混雑は実にはなはだしい。それを利用して盗人が縦横に荒らし回っている。

八月十九日（木）
新聞は生産増強以外のことは、何にも書いてない。瞭〔長男〕が青木花見《あおけみ》〔長野県安曇野の清沢の生家〕から帰っての話に、仏様の金物まで全部出した上に、屋根も出せと言うそうで、セメント瓦を発見次第出させるのだそうだ。
人絹スフ製造業は第四次整備に着手、来月完了。その目標とするところは鉄くずを出すためだ。戦争が終った頃は、鉄類はほとんど国内になくなっているかも知れない。商業競争も困難である。その資本と機械はどこから来るのか。

八月二十日（金）
管理事業〔軍需を中心とした重要産業〕の社長を「応徵士」と言うことになった。応徵士服務紀律*によれば「事業主たる応徵士は生産遂行の全責任を負荷

*応徵士服務紀律の公布
1943年7月の国民徵用令の改正によって徵用業務の範囲が拡大。それに伴い、翌8月に厚生省が応徵士服務紀律を公布した。

させられたるものなるの自覚に徹し……戦力増強の責を果すべし」とある。

政治もここまでいけば滑稽を通り越して子供の玩具である。彼らは社長を役人化して、宣誓させればそれで能率が上がると思っているのである。資本以外はことごとく国家化し、マルクス主義的公式と役人イデオロギーをつき交ぜたものができあがったのである。役人がかつて真の責任を感じたことがあるのか。

## 八月二十二日（日）

午前に鮎沢巌君*一家が来られた。いわく、

東京あたりの実業家などは、今や日本と米国の実力は五分五分となった。ここらで妥協できないだろうかと言っている者がいるという。——実業家の無知。何とか米国に大打撃を与えたい。ニューヨークあたりでも滅茶苦茶にしたい。米国をして戦争の惨劇なることを知らせることは将来、世界のためである。ただ問題は、その事は可能かどうかだ。

日本兵、とうとうキスカから撤収*した旨をラジオが報じた。そしてその撤収は一兵をも損なわず、米国が馬鹿を見たように放送した。

**鮎沢　巌**（あゆさわ・いわお）ハーバード大学、コロンビア大学で学び、卒業後、国連の国際労働機関（ＩＬＯ）本部職員となる。１９３５年にＩＬＯ東京支局長になるも、日本の国際連盟脱退にともない、東京支局も閉鎖。その後、世界経済調査会常務理事などを務めた。

**キスカ島撤退作戦**　アリューシャン列島のキスカ島

八月二十三日（月）

小汀利得いわく、近頃の泥棒は何れも戦闘帽と国民服*であると。闇の犯罪が非常に多いが、軍属か軍の請負になれば裁判所も警察もこれを追及しないのが普通である。すなわちそこは全く治外法権である。

八月二十六日（木）

ケベック会談が終了した。ルーズベルトとチャーチルとが八月十七日から開会し、二十四日に終ったのだ。その会談は、

一、軍事上の統一に関する打ち合わせ

二、主題は対日作戦にあったこと

ということであり、ソ連を招請しなかったのは問題が主に対日作戦であったからという意味を声明で述べている。

これによって米英の反攻作戦が熾烈になってくることが明瞭だ。大本営発表でも、ニュージョージア島およびベララベラ島の「敵反攻の勢いは侮り難きものあり」と認めている。

ボチボチ戦争責任を、銃後の生産不足に帰するような論調を出してきている。

からの守備隊撤退作戦。包囲していた連合軍に気づかれず約5000人の日本兵を奇跡的に無血撤退した。近くにあったアッツ島では守備隊が玉砕。

国民服
国民が常用すべきものとして1940年に国民服令により制定された男子が着用する軍服に似た衣服。女性には1942年に婦人標準服が定められた。

米英が休戦条件として「戦争責任者を引渡せ」と対イタリア条件と同じことを言ってきたとしたら、東條首相その他はどうするか？

## 八月二十七日（金）

満州事変以来の日本に二つの不幸があった。

第一は、軍人を抑える政治家がいなかったことだ。第二に、軍人を抑え得る軍人がいなかったことだ。そのことが動物的衝動に押されて戦争に持ってきてしまったのだ。

政府は盛んに科学知識の普及と研究完備を説く。そのため首相は七帝大総長を集め、また文部省奨学金も十五万円のうち、十万円は自然科学奨励賞だ。人文科学に対しては依然軽蔑的だ。

この科学研究の統一について、陸海軍の対立を除けといったもの、新聞には一つもない。軍部は全く批評の外にある。軍需品も、研究所も、奪い合い、対立である。国家の重大事に直面して、なおこの対立感は抜けないのだ。他人のことを責める資格があるだろうか。

いわゆる日本主義の欠点は、国内の愛国者を動員し得ないことである。思想の相違を以て、愛国の士をも排斥することである。これがファータル〔宿命的〕な弱点だ。

## 八月二十九日（日）

アッツ島の山崎保代大佐が二階級飛びで中将になる。昨夜のラジオも今朝の新聞も、それで一杯、他の記事は全然ない。軍の命令であることが明らかだ。昨夜のラジオも八時から九時はプログラムを変更した。「鬼神も哭《な》く」式の英雄は、もう充分だ。願わくは、もはや「肉弾」的な美談も出るなかれ。そして作戦をして、そのような悲劇を繰り返す如き方途をとらしむるなかれ。

## 九月一日（水）

大谷利助君、前夜より宿泊。一緒に鶴見と横浜に行く。墓の鉄鎖は全部取り去られている。丸ビルのドアも、階段の踏み面の鉄も取られるそうだ。戦後には一片の鉄もなきに至るだろう。

米軍機多数、南鳥島に来襲。ために警戒警報を発す。

水道は出ない。風呂は壊れる。畳は古くなっても替えられない。いよいよ生活が底を突いた。

## 九月二日（木）

戦争の深化と共に、右翼連中がどう動くかに興味がある。彼らは常に戦争を欲し、そして戦争を得た。

近頃は必ず「楽観に流れず、悲観に陥《おちい》らず」と言い、また「敵を侮《あなど》らず、恐れず」と言う。この言葉は文や講演の後に加える。この中間の心境とは何だろう。突き詰めれば必ずどちらかに陥る。うやむやに過ごすことが戦時の心構えか。

## 九月五日（日）

国際関係が一番大切なときに、新聞雑誌には国際関係の記事がほとんどない。精神的説教がまだ幅をきかしている。

谷萩陸軍報道部長が、宇都宮で講演し、例によって新聞は大々的に報じている。陸海軍の少中佐の演説が、外国における首相級の扱いを受けているのは近頃の新聞の特徴だ。誰が新聞雑誌を動かしているかも知れよう。

注意すべきことは「米国にして、もし東亜侵略の非望を放棄するにおいては彼我の間に何ら死闘すべき理由がないこと」云々の箇所だ。これはバロンデセ〔世論の反応を見るための発言〕か。米国でそのような論議がなかろうことは、やや明らかだと思う。他の「米国内の情勢は長期戦を許さぬ」云々は外国に知れたら笑われるであろう。米国はこれからだと考えていよう。

**九月八日（水）**

今朝の『読売報知』に池崎忠孝*の「ドイツは不敗なり」との長論文あり。（一）軍事力、（二）軍需品生産力、（三）食糧自給力、（四）戦争の犠牲と恐怖に耐え得る国民の精神力との四つに分け、いずれもドイツのほうが連合国より優れていると論断。

**九月九日（木）**

維新前後の国論、日清戦争の陸奥宗光*の説いた日本国民の常識、日露戦争の小村寿太郎*のポーツマス講和に対する非難。そして今回の低級なる論調の横行。

**池崎忠孝**（いけざき・ただたか）日米戦争を必然とする立場で著作活動を行った軍事評論家。1936年の総選挙で衆議院議員になる。戦後は、A級戦犯として収監されるが釈放。

**陸奥宗光**（むつ・むねみつ）伊藤博文内閣の外相として不平等条約の改正に辣腕を振るった。日清戦争後、下関条約に調印し、日本に有利な条件で終結させたが、ロシア、ドイツ、フランスの三国干渉を受け、遼東半島の清への返還を決断した。

**小村寿太郎**（こむら・じゅたろう）明治期の外交官、外相。日英同盟の締結、日露戦争後のポーツマス条約の締結、関税自主権の回復などの業績を残した。ポーツマス講和会議では全権として日本人はついにこの程度の国民であろうか。
お昼に日本倶楽部で田中都吉*氏から、イタリアが無条件降伏*した旨を聞く。夕刊でそのことが発表された。
丸ビルの新聞屋には長い長い行列ができて、その新聞を買うために一生懸命だった。よほどのショックを与えたようだ。バドリオ政権（イタリア）は戦争の点ではムソリーニと同じだと宣伝した後だったからだ。こうした見えすいた嘘の宣伝の連続で、しかもその間違いが続くのだが、相変わらず、それを繰り返している。困ったものだ。

**九月十日（金）**

バドリオ政権の降伏から、日本の新聞はイタリアへの悪口が始まった。例によって例の如しだ。
白鳥敏夫らが新聞で談話を発表している。シァーシァーとして「イタリアの任務終る」といったことを言う者も、言わせる者も、健忘、驚く他なし。
こんな国と、同盟条約を結んだのは誰か。またそれを喜んだのは誰か。

講和条約に調印し早期終戦を実現したが、国民から強く非難され、国民の不満は日比谷焼打ち事件などを引き起こした。

**田中都吉**（たなか・ときち）
外務省通商局長、同情報部次長、外務次官、ジャパンタイムズ社長、駐ソ大使等を歴任。退官後、中外商業新報社長、日本新聞協会会長に就任。

**イタリアの無条件降伏**
1943年9月8日、ムッソリーニを倒したバドリオ政権は、連合国の無条件降伏を受け入れ、休戦協定に調印した。

九月十五日（水）

公定相場は、無理な、どうにもやっていけない相場である。強い、信用のあるものをいじめ、闇取引を奨励する制度である。しかも事務官が全権を有している現在においては、統制経済に対する批判は全く許されないのである。批判を殺して、衆人に関係ある経済を行おうというのだから百弊百出するのは無理もない。闇は普通の現象だ。闇をやらないでは一日もおれない。そこで一般にはこれを「国民相場」と言い、「闇の公定」と言う。需要供給の関係で自然に認められた相場ができているのである。

砂糖は一貫目〔三・七五キログラム〕三十五円から四十円、時には五十円もするそうだ。油は一貫目百五十円。出入の者の話では、彼の知人は蜂蜜一貫目二百円で買ったという。その高騰は非常に急で、砂糖を一貫目十円ぐらいで買ったのは遠い以前ではなかった。砂糖が一貫目三十円（それでも安い）すると、茶さじ一杯十銭になる（一杯三匁半〔十三グラム〕ぐらい入る）。洋服一着一千円といったのは五、六ヶ月以前のことだ。悪性インフレが来たのである。公定と、実価との相場は確かに一対十である。

九月十八日（土）

ラジオは、今日は満州事変十二周年で、マニラの斎藤報道部長とかのフィリピン人に対し放送したことの要旨を報じた。その要旨は満州事変が大東亜戦争の第一歩であり、それはまた他民族解放のための第一歩であった。この日本の誠意をフィリピン人が認めることを要望するといったようなことだ。

軍人たちは、そんなことを言って、フィリピン人が感心すると思っているらしい。普通ならば満州事変などは黙って、他の記憶を呼び起こさないのが普通だ。それなのに進んで、そんなことを言っているのだから、愚かさもちょっと想像以上である。彼らは戦争の現段階および将来については、少しも反省していない。またどんな事態になっても自ら反省するような教育を受けていないことも、かねて明らかなことだ。

九月二十三日（木）

昨夜、ラジオで東條首相が行政の刷新について演説をした。その具体策が今朝の新聞で発表された。それは、学生の徴兵猶予の撤廃、十七業種の就業に男子を禁止、官庁人員を整理、官庁と家屋店舗の整理等かなり思い切ったものだ。

官庁の整理はどうせできない。それで結局民間だけが、大きな犠牲を払う訳だ。

しかし戦争遂行には、どうせここまでくるのは当然だ。国民としては、近代戦争が何を意味するかを身に染みて考えるのには、これがいい教訓であろう。

**九月二十五日（土）**

関戸円次郎君来《きた》る。

関戸君の話——

名古屋あたりでは女が竹槍の練習をしており、妻君も娘も毎日やっている。県も市もあまり賛成しないのだが、軍の師団の責任者がそれをやらせている。どこの家も、防空壕を家の中に掘る。そこで家が傾いているところが多い。——火事になって、家が倒れたらどうするか。東京でも皆に穴を掘らせている。

**九月二十九日（水）**

今日、軍需省*ができて、商工省と企画院が廃された。

これは代表的なやり方だ。他の国ならば、既成の機関はそのままとして、軍

**軍需省**
軍需産業強化のために、商工省と企画院などを統合して１９４３年11月に設置された省。初代の大臣は東條英機首相が、次官は商工相の岸信介が兼務。

需省を設置して、そこで事務を統一するはずである。しかし「日本的性格」においては、そういうことはできず、また機構主義の軍部政治においては、そのようなことは不可能なのだ。

すなわちこれを一面より言えば、東條の「機構よりも人」主義の破綻だ。軍需省は発注一元化の要請に応ずるためだ。それだけならば、何も新しい機構をつくる必要がないではないか。そこに日本人の欠点がある。

## 十月二日（土）

鮎沢巌君が世界経済調査会を辞めた。聞けば、その下にいた者が左翼で引っ張られた。その保証人として横浜の警察に呼ばれたが、同君が英米人との交際あり、また国際労働機関支局長だった関係により、過去一年半ぐらいマークされていたとのことである。警察で三人の警部補および巡査から取り調べられ、何回殴られそうになったか知れないとのことである。随分ひどい言葉で罵られた。隣室では、ピシャリピシャリと殴っている音が聞えたという。

鮎沢君は若いときから外国にいて日本のことを知らなかった。東良三君*の青果物輸出組合専務理事辞任もそんなことではないだろうか。彼らは日本人のサ

＊東良三（あずま・りょうぞう）　明治・昭和時代の探検家。明治末に渡米し、自然保護を推進したジョン＝ミュアーに心酔し、アラスカやカナダの極地を探検。帰国後は、日本自然保護協会理事、日本動物愛護協会評議長、日本青果物輸出組合理事長などを務めた。

イコロジー〔精神構造〕を知らないが故に、極めて善意を以て——愛国的動機から外国人と交際していた。それが疑いを買ったのである。気の毒である。鮎沢君は密告されたのだという。この密告好きの国民！　警察も軍隊も殴り、蹴とばすことは普通の行為である。闇に引っかかった者などは、例外なくやられるとのことだ。

## 十月三日（日）

今朝のラジオで鉄道省と逓信省を一つにして運輸通信省、軍需省をつくった代わりに農林省を農商省にするとのことだ。（一）この大改革がビクともせずにやれるのはさすがだ。（二）しかし機構の変改は必然に一時能率を妨げる。（三）「機構より人」を言う東條首相が、それをやらざるを得ないところに問題がある。機構の改革そのものは悪くない。

（一）機構いじり——形式主義が依然としてイデオロギーの中心であること
（二）形式を変えなければ、中心で動いてきた役人は、そのセクショナリズムから離れ得ないこと

右の第二は日本人の特異点として注目されるべきだ。

誰の頭の中にも、現下の最大問題が陸海軍の統合融和にあり、そこにまず省改廃のメスが入れられるべきだと考えているのに、一人もこれに言及する者はない。

## 十月五日（火）

先頃、重臣（首相経験者）たちが東條首相を招待した。そのとき岡田啓介*が「戦争はどこもあまりパッとしていないようだが——と言うと東條は昂奮して「あなたは必勝の信念を持たないんですか」と、プイッと立ったという。また若槻礼次郎*が

「農作物の作柄がどうも心配だが」

と言うと東條は

「我ら閣員は何にも食わなくても一死奉公やるつもりだ」

とこれまた昂奮したという。

議会でも、どこでも、昂奮ばかりする人であるようだ。イエスマンだけを周囲に集めるのは、そうした性格だからだ。

岡田啓介（おかだ・けいすけ）　海軍大将。連合艦隊司令長官、海軍相、逓信相、拓務相、首相を歴任。日米開戦には消極的姿勢を示し、開戦後は東條内閣打倒の中心となり、終戦工作に尽力した。

若槻礼次郎（わかつき・れいじろう）　大蔵次官、蔵相、内務相、首相、拓務相等を歴任。重臣会議のメンバーとして、東條内閣倒閣に重要な役割を果たし、ポツダム宣言受諾にかかわった。

## 十月六日（水）

午餐《ごさん》に日本倶楽部で「捕虜待遇について」という小田島大佐（捕虜管理局課長）の講演を聞く。

一、京城や青森、神戸あたりで「敵が憎い」と群衆の中から躍り出て乱暴するものがあった。台湾である兵士がウェインライト*のところに行って「こん畜生、同胞の仇だ」と言って、ポカポカ殴ったという。

二、捕虜は皆で三十万もあったが、大東亜圏内の諸民族の者は釈放し、釈放できない者は約三万、それに白人十二、三万を加えて十五万ばかりである。十%は士官だ。収容所は十五ヶ所あり、その内八ヶ所は内地にある。オランダ人三万、米国人二万という如きだ。

三、日露戦争においては、米英的というか、あまりに捕虜を優遇した。今回の戦争においては従来の捕虜に関する規制はご破算にして、「国際法に反せざる限り厳格に取り締まること」にした。日本は捕虜に関する条約は、国体に合せざるものとしてご批准を得なかった。

四、捕虜は全員必勝の信念を有している。イタリアの敗北はよほど前に予言していた者が多かった。ドイツはじき敗れるだろうと言っている。初め

*ジョナサン・ウェインライト　米国陸軍大将。1942年にマッカーサーがフィリピンを脱出した後、司令官として米軍を指揮。コレヒドール要塞が陥落すると、日本軍に降伏し、捕虜として満州に移送された。

日本では、彼らを教化する方針だったが、彼らの必勝の信念が確かなので教化は断念した。

五、彼らは捕虜であることを少しも恥としていない。彼らは実によく働く。朝から晩まで少しも休まない。ある阪神間の重工業会社の如きは、捕虜がいなくなれば潰れるとさえ言っている。能率も非常にいい。

六、捕虜の給与は一日十銭か二十銭ぐらいである。彼らに丸のこぎりの目立てをさせると一日十三、四作る。これに対し日本人職工は二十ぐらい作る。ところが試験の結果は、日本人の作ったものの合格は五（四分の一）、彼らの作ったものは全部である。リベットを作るのに、彼らは一日百五十、日本人職工は五十である。捕虜は物資を大事にする。たとえば釘一つ落ちていても、それを集める。また火をつけるのに、つけ木が半分残っていても、それを消して、次の機会に使うという如きだ。

七、彼らは人種的偏見が強い。――一緒にならない。東京では黒人に号令をかけさせている。英国人はキチンとひげを剃り、容姿を整える。米国人のある飛行将校と話したら「国家のためなら一生捕虜になっていてもいい」と言った。イタリアの軍艦が神戸に来たが、まるで駄目だ。軍艦旗をかかげるときも、一人か二人しか出ないという有様だ。

小田島大佐は、捕虜に、かなりな敬意を表しているようだ。しかし彼らの考え方は全然了解し得ない。日本人が感動すること——たとえばアッツ島の全滅というような高貴なことが、彼らにわからないことを、天下の不思議と考えている。他国人の感情、考え方に対し、一歩引いて客観的に見ることはとうてい不可能である。したがってこの人たちには、客観的に物を見ることができない。話を聞いてそんな感じを持った。

## 十月九日（土）

今朝の新聞で軍需省を中心とする改組が発表になった。中央機構などは、ないほうが国家運営にいいぐらいなものだから、これを機会に懸案の統廃合はいいだろう。しかしそれならば何故に外務省と大東亜省という二つの対立的存在を一緒にしないのだろうか。また陸海軍の軍務省案は如何。

## 十月十日（日）

僕が警察に引っ張られたとの噂があったと、小汀君語る。高橋雄財*その他の

高橋雄豺（たかはし・ゆうさい）警察官僚、香川県知事を経て、読売新聞社に外報部長として入社。正力松太郎社長のもとで、主筆、副社長を務めた。

連中の会だというから識者の会なのだろう。何か根拠があるか、それとも単なる噂か。半沢玉城《はんざわぎょくじょう》〔外交時報社社長〕が調べられているとの噂あり。半沢君は静岡県知事に招かれ県庁や翼政会の人々に話をしたのだが、それが問題になったとのことだ。

十月十六日（土）

臨時議会に軍需会社法*などを提出と決定。増産に一生懸命になるのは当然だが、命令さえすれば、また法律さえできればそれが可能だと考えているのは変わらない。「会社の国家性」とか「利益追求の否定」とかいったようなことばかり言っている。軍需会社法もそれだ。形式主義もこれまでになれば到底反省の余地はあるまい。

目前の機構に重点を置きすぎるのは不可だ。どう機構が変わっても日本人は日本人だ。

軍需会社法
軍需省の設置に伴い公布施行された法律。政府が軍需生産を強化するために必要な会社を軍需会社に指定し、直接統制できることを規定した。

## 十月十九日（火）

『毎日新聞』に、徳富蘇峰と本多熊太郎*の対談が載る。開戦の責任は何人よりもこの二人にある。文筆界に徳富、外交界に本多、軍界に末次信正*、政界に中野正剛――これが四天王だ。徳富も本多も客観性皆無。

徳富は、例によって東條の大鼓持ち振りを発揮している。この連中が戦争の最前線に出るべきだ。

## 十月二十一日（木）

日本は何を目指して大きくなったのだろう？　戦争そのものだというのは明らかにウソだ。戦争をやると何かが達成されると考えるから戦うのだ。征服欲だというのも不完全だ。征服して何を求めるのか。やはり、日本的なものを世界に敷こうという考えと、それからそれにより自己が利益を得ようとの二つだろう。日本人は干渉好きだ。しかし何か行動によってこれをなすことはない。たとえば昨日、電車の中で網棚の上に鞄を載せようとしたのを何人も手助けしない。日本人の干渉は思想的なものに対してだ。

**本多熊太郎**（ほんだ・くまたろう）
駐ドイツ大使、汪兆銘政権下の中国大使、東條内閣の外交顧問等を歴任。戦後、A級戦犯として逮捕され巣鴨プリズンに収監。その後、病気により釈放。

**末次信正**（すえつぐ・のぶまさ）
海軍大将。連合艦隊司令長官、横須賀鎮守府司令長官、軍事参議官を歴任。退役後、近衛内閣の内務相、大政翼賛会中央協力会議議長に就任。

## 十月二十二、三日（金、土）

この朝、妻より手紙あり。嶋中君より電話あり。僕の身辺に関しデマが飛んでおり心配している。言動に気をつけてくれと。

この間も、そういう噂があった。僕のことを調べていることは事実なのだろう。しかし僕はどこに行っても不謹慎なことを言ったことはないはず。戦争が始まった以上、戦争に勝ちぬくことは当然ではないか。

あるいは近衛文麿、宇垣纏*のところに行ったことなどがいけないのか。とにかく、下らぬ誤解を受けないため、できるだけ注意をするつもりだ。

## 十月三十一日（日）

一日中畑で働く。植木を動かす。朝、警察の水野君が日支新条約のことを聞きに来る。重慶〔蔣介石〕は動かないであろうことを話す。

おわい屋〔糞尿を回収して肥料として売る人〕が肥料を入れたのはいいが、大切な生姜や、柿を盗んでいった。すこぶる憤慨す。この程度の道徳かと思うと、日本人を馬鹿にする気持になる。

**宇垣纏**（うがき・まとめ）海軍中将。連合艦隊参謀長として山本五十六司令長官の下で真珠湾攻撃に参加。ラバウルで山本長官が撃墜され戦死した際、二番機に搭乗して重傷。その後、沖縄への特攻作戦を指揮。１９４５年8月15日正午の玉音放送を聞いた後、11機23人で沖縄方面へ特攻。太平洋戦争の陣中日誌「戦藻録」を残した。

十一月一日（月）

誰かの話によると満州における日本人（軍人はもちろん）は依然としてソ連との戦争を欲し、ウズウズしているという。それがための工作をしていると。ミル（?）は、「もし自分の考えていることがすべて実現したら、自分は非常に失望するだろう、と時々考える。人間は前進に愉快があるのだ」と書いている。兵隊があれば戦争を考え、警察は事件を歓迎し、新聞雑誌は同じく事件を生む。

十一月八日（月）

英国に復興省が近くできる旨が同盟通信〔外信〕にある。英国はすでにドイツに勝ったと考えて戦後経営に乗り出したのだ。

英国において「最も重要なことは」との質問に対し、二割が「第二戦線だ*」と答えたが、「大東亜戦争」と答えたものは一人もない、と電報にあり。米国では少し異なるが、それでも大同小異だ。

汽車の中、道のめぼしいところに警官が出張り、いちいち荷物を検査するそうだ。富山県では、米二升のために自殺した者もいたとのことだ。

第二次世界大戦の第二戦線
東部戦線で苦境に立つソ連が背後からドイツ軍を攻撃する西部戦線の形成を英米に要求。当初、英米は消極的だったが、テヘラン会談の決定を経て1944年6月にノルマンディに上陸した。

警官は泥棒を捕まえるためではなしに、良民を捕まえるためのものになった。事実、そのほうが楽でもあるのだ！

十一月九日（火）

産業報国会の調査では、体重十三貫〔約五十キログラム〕の男は一日千四百カロリーに通勤に要するカロリーを入れて一日千六百カロリーだ。然るにこれに対し現在の配給は一日千四百カロリーだ。女の体重は十一貫〔約四十一キログラム〕だから、それで融通がつく。しかし配給が偏るから結局足りないわけだ。

十一月十五日（月）

床屋に行くと、かつて七人でやっていたのを、今は主人と二人。しかもその一人に徴用令が来たという。主人は「つぶすつもりでなければ一人ぐらい残してくれては如何か」と談判し、出征家族として特別な考慮があるだろうとのこと。

富士アイスの笠原という男も徴用。神戸の出張所長も徴用。今度の徴用は非常に広汎だ。こんなに徴用して一般産業が運転できるのか。
この辺についても、経済観念に暗愚な連中がやっているから無理がある。徴用工では能率が上がらない。
おそらく厭戦《えんせん》的な気分が募り、その集団から不満が爆発しまいか。

十一月十七日（水）
前進座にて高垣寅次郎*経済学博士が「地方に行っては気をつけなさいよ」と。僕の講演が警戒心に満ちて歯切れの悪い点が、聴衆の不満の所以なのだが。
会員の中から「来年は武力戦争はすむそうではないですか」との質問あり。また「ドイツが負ければ日本だけでは」とも言う。他の場所と異なり、戦局の重大化を認識している。

十一月十八日（木）
独ソは握手する。ソ英は衝突する。日本は大勝利する。武藤貞一が来て、そうした楽観論をふりまいていったそうだ。この連中の愚及ぶべからず。バカがリードしている形だ。

高垣寅次郎（たかがき・とらじろう）
経済学博士。貨幣論・銀行論の研究者。東京商科大学（現一橋大学）の門下に塩野谷九十九、鬼頭仁三郎らがいる。石橋湛山らと日本金融学会を創立。

十一月二十三日（火）

婦人の労働者が男子に代わる。日本婦人の革命だ。今までのように奴隷的ではおれなくなる。必然的にその位置も向上し、その知識もよくなろう。すべて、日本に革命をもたらす。犠牲は多いが、日本人そのものが賢明であれば、必ずこれを実現しよう。どうせ行き詰まっていたのだから、こうした外科的治療を必要とする。強気であった連中が、あまりに悲観的になったのに対し、我らはかえって楽観的だ。

十一月二十五日（木）

青木一男大東亜大臣に招かれる。小汀利得、高橋亀吉*、石橋湛山、石山賢吉*、長谷川如是閑、布施勝治*、阿部賢一*などの顔触れだ。

青木大東亜相官邸で、戦後機構の問題が出る。青木氏はあまり乗り気でなく、戦争遂行だけで手一杯だというようなことを言う。僕は「明日講和談判があれば、日本の世界政策が問題になるではないか」と言った。

こういう最高知識の会合でも、誰も彼もウソを言っている。これでは他をコンビンス〔納得させる〕できない。

**高橋亀吉**（たかはし・かめきち）経済評論家。東洋経済新報編集長を経て独立し、高橋経済研究所を設立。戦後、公職追放となるが、追放解除後に活発な評論活動を展開した。

**石山賢吉**（いしやま・けんきち）ダイヤモンド社創業者。経営にあたるとともに、経済ジャーナリストのパイオニアとして筆をふるった。戦後は、衆議院議員に当選するも、公職追放になり、わずか6か月で解任される。

十一月二十六日（金）

小林一三氏の談——政治なんてものは実につまらんものだ。正面から下らないことばかり言って、少しもまとまらない。実業家は自己の責任において、どんなことでもやれる。

十一月二十七日（土）

防空演習が全くの形式だ。我らもその必要を痛感するが、さてそれを実際見ると馬鹿馬鹿しくなる。誰も「仕方がない」という観念からで、「イザというときには役には立ちませんよ」と言っている。

十一月二十九日（月）

『読売報知』の夕刊に『フォーチュン』の大東亜戦争開戦当時の記事というものがある。それにはまず野村吉三郎、来栖三郎*両米国大使がハル*国務長官を往訪して、最後通牒を発し、それから戦争になったように書いてある。こうしたウソ*をどうして書かなくてはならないのだろう。ウソを書くところに真珠湾攻撃*に対する道徳的弱みがある。そのまま発表したらいいではないか。

**布施勝治**（ふせ・かつじ）大阪毎日新聞社西部支社長。東京日日新聞のモスクワ、欧米特派員を務めた。レーニンに革命後初の取材を行うなど、ロシア報道の先駆者。

**阿部賢一**（あべ・けんいち）岳父徳富蘇峰が主宰する国民新聞記者、東京日日新聞論説委員、主筆等を歴任。戦後、公職追放となる。追放解除後は、早稲田大学で教鞭をとり、１９６６年に総長就任。

**来栖三郎**（くるす・さぶろう）駐ドイツ大使として日独伊三国同盟に調印。その後、特派大使として米国に派遣され、太平洋戦争開始直前まで日米交渉にあたった。戦後、公職追放。

## 十一月三十日（火）

嶋中君の二男の出征を見送ろうとしていると、岩波茂雄氏*が社員と共に来た。小村俊三郎氏*の遺族を訪問に来たが、僕のところが近くにあると聞いて来たのだという。お昼を一緒に食って鶴見の総持寺の小村氏の墓にお参りをする。節を屈しなかった人には余徳がある。この人を訪ねる岩波氏も篤実《とくじつ》の人だ。一個の志士を岩波氏に見る。

## 十二月一日（水）

学徒*が日の丸を肩から胴に巻いて元気よく出る。その無邪気を見よ。この人々が学問や知識のためにではなく、砲銃を持って立つのだ。感慨湧く。戦争を世界から絶滅するために敢然《かんぜん》と立つ志士や果して何人あるか。我、少なくともその一端を担わん。

## 十二月四日（土）

学徒徴兵検査で「海軍」志望の者が圧倒的に多かったそうだ。検査官は陸軍だから「なぜか」と反問した。その条項には「服装か」「海か」「気分か」とい

**コーデル・ハル**
ルーズベルト政権の国務長官。太平洋戦争の開戦直前の日米交渉でハル・ノート（交渉文書）を提示したが決裂し、開戦。国際連合の創設に尽力してノーベル平和賞を受賞。

**最後通牒の遅滞**
外務省が宣戦布告にあたる対米覚書（最後通牒）を真珠湾攻撃開始前にハル国務長官に手渡すよう、ワシントンの日本大使館に指示。しかし、その解読、清書に手間取り、野村吉三郎、来栖三郎の両大使がハル長官に手渡したとき、すでに真珠湾は火の海と化していた。

**真珠湾攻撃**
1941年12月7日（日本時間では8日）、航空母艦を中心とする日本海軍の機動部隊による

ったようなことがあったそうで、中には「気分だ」と答えた者がいたらしい。

　銀星の丸君にまた徴用令が来たそうだ。すべての者が徴用される状態だ。二、三日前、四十五歳まで年齢を引き上げられた。

　戦争後、華族が増し、プロモーションがあり、金鵄《きんし》勲章《くんしょう》〔武功のあった軍人、軍属に与えられた勲章〕が増える。これを全廃したらどうか。そうすれば、それをもらうために戦争を目指す者がなくなろう。また実際、国民が犠牲を払うのに、官吏、軍人だけが利益を得るのは、その立場からも否定すべきだ。

## 十二月六日（月）

　政治家に必要なのは心のフレキシビリティである。その屈伸性を近頃の軍人政治家は全く欠如している。だから時に応じて対策を立てることができなかった。

　毎日の新聞は松村、栗原両報道部課長の対談やら談話やらだけを載せている。そして戦局のただならぬことを警告している。

　日本が宣伝下手であるという事実が、日本人がアドミット〔認める〕する唯一の弱みである。他はすべて日本人が優れていると思っているのに。


オアフ島の真珠湾（パールハーバー）にある米国海軍の太平洋艦隊基地への奇襲攻撃。この攻撃によって太平洋戦争が始まった。

**岩波茂雄**（いわなみ・しげお）岩波書店創業者。神田に古書店岩波書店を開業後、夏目漱石の「こゝろ」を出版して出版業に乗り出す。その後、戦時下の言論統制の中で、岩波文庫や学術書などを出版し続けた。戦後初の文化勲章受章。

**小村俊三郎**（こむら・しゅんざぶろう）中国通の外交ジャーナリスト。又従兄の小村寿太郎の後援により北京に留学し、中国語を学ぶ。外交官として日中外交に尽力。退官後、東京朝日新聞などの論説委員となり、中国問題を論評我らから見れば日本人ほど自己宣伝をする国民は他にない。

十二月八日（水）

大東亜戦争二周年めぐり来る。新聞も、ラジオも過去の追憶やら、鼓舞やらで一杯だ。外では盛んに訓練がある。

満二周年において明らかなことは、沢田も昨日言ったように、国民はまだ戦い足らぬことである。

十二月十三日（月）

今日の『朝日新聞』に風邪続出との記事あり。どこのビルでも暖房装置は一切取ってしまった。銀行の窓も撤去。それから橋の欄干《らんかん》も取った。戦争の後には金具が一切ない国となっていると思う。この復興はなかなか大変だ。いわんやこの上に空襲でもあればなおさらだ。

十二月十四日（火）

ドイツ大使シュターマー*が、しばしば重光葵*に会見する。「日本がソ連に対

した。

学徒出陣
1943年以降、兵力不足を補うため、文系学生の在学中の徴兵猶予を停止し入隊・出征させた。徴兵適齢が20歳から19歳に引き下げられ、多くの学徒兵が戦地に赴き、若い生命を絶った。

ハインリヒ・シュターマー
駐日ドイツ大使。日独伊三国同盟の交渉を松岡洋右外相と行った。

し開戦しなければ、ドイツは英国と和を講ずるかも知れない」と、言っているとのことだ。これはありそうなことである。

今になってもまだ、ソ連とこの際、開戦せよという議論をする者がいるのだから、一般民衆というものは、どれだけ無知だかわからないのである。

十二月十六日（木）

国内においては神風連*的な右翼思想が流行する。外国に行くのはそういう連中に限られる――たとえば帝大教授の田中耕太郎博士はカソリックで、日本精神に徹底しないというので、すでに決定していたのを取り消された。自分で頼んでおいて取り消す役所の意気地なさも時代をあらわすものだ――彼らは無知でありながら、恐ろしく自信がある。そこで大東亜諸国に行って、それ錬成だ、それ儀礼だという。こんな国民に大東亜諸国の国民が心服するものではない。

十二月十八日（土）

近頃の文章（新聞）には必ず一つの型がある。「戦力増強に邁進しなくてはならぬ」「銃後の責任を果さなくてはならぬ」といった言葉を最後に付するこ

重光　葵（しげみつ・まもる）
東條内閣の外相。小磯内閣では外相兼大東亜相としてソ連を通じての和平工作を図った。敗戦後、東久邇内閣の外相として降伏文書に調印したが、極東国際軍事裁判のA級戦犯として逮捕される。有罪判決を受け巣鴨プリズンに服役。仮出所後に政界復帰。

神風連
国学・神道を基本とする教育を重視する肥後藩の勤皇党のうち、明治政府に不満を抱く士族により結成された一派。

とだ。これは説教好きな国民性の一つのあらわれだ。言いっ放しにすると何か不安を感ずるのだ。

十二月二十一日（火）

ギルバート島*のマキン、タラワ両島を敵に奪われ、三千余名が殲滅《せんめつ》された旨を今朝の新聞が発表した。これは先頃から被害が非常に多いことを予報しながら小出しにしていたものである。ニュー・ブリテン島のマーカス岬といい、これといい、国民としてもかなりショックを受けよう。

十二月二十二日（水）

強硬外交のバランスシート――

増税案が今朝の新聞で発表された。初年度二十二億円の増収が目標だ。すなわち支那事変当時の税収の八倍である。今まで外国では日本をポバーティーストリックン〔貧困に疲れた〕などと言っていた。いよいよ人間は税を払う動物になったわけだ。しかし戦争していればそれはもとより必至である。

小汀君は、日米戦争はいい加減なところで妥協すると言っている。この事情

ギルバート諸島の戦い
1943年11月19日から、米軍がマキン島、タラワ島に連日空襲を行い、21日に上陸。守備隊は奮戦するも、両島とも玉砕。

通を以てして、その程度の楽観だ。意は、ギルバート海戦において敵に打撃を加えたから、それでヘトヘトになるというのである。彼は東京の空襲すらも疑問に思っているのである。

十二月二十四日（金）

今朝の新聞で昭和十九年度より徴兵適齢の一年引下げを決定したことを発表した。来年あたりには、それがさらに引き下げられることは明らかだ。
陸軍省発表によると、米英は十八歳、独ソは十七歳であるという。果してそうであるか、戦後において研究の要あり。おそらくこれは「適齢」と「徴兵」とをゴッチャにしたものであろう。

十二月三十日（木）

外交は自国民に確信がなくてはできない。「ソ連の勢力の伸びるところ必ず赤化あり」というのでは、ソ連との外交はできない。また英米をユダヤ人と見たのでは、これとは永遠に交渉はできない。英国の外交がなぜいいかといえば、自国民は赤化などはしないと確信するからだ。

考え方が違っても愛国者であり得る。また意見が相違しても団結することができる。我が国の「愛国者」は、そう考えることができない。

日本的な政策では他民族などは決して治めることができない、という現実を日本人に認識させる前に、もし戦争が終るようなことがあれば、それはかえって日本国民にとって不幸である。

# 第2章

# 昭和十九年一月〜九月

## 政治の強権化と情報統制に逆らえないメディア

昭和十九年六月のマリアナ沖海戦の敗北は日本の敗戦を決定づけた。日本海軍にはマリアナ諸島を奪われた後の作戦がなぜなかったのか。負けるとわかっている戦争を誰が続けると決めたのか。日本のメディアは戦後もこの大問題に触れてこなかった。

（解説）

## メディアの限界と使命

我々は、清沢の目を通して当時の社会を垣間見ている。清沢の目に映っていたものの一部を、いま我々は記録として見ることができる。

映像記録もそうだし、新聞記事に関してはほぼすべてが閲覧可能だ。

そこに清沢の日記との違いを発見することもある。

清沢が日記に書いているような反戦論が、当時の新聞になかったことは確かである。では反戦論・平和論は清沢ひとりが考えていたことなのか。

そんなはずはない。恐らく国民の極少数かもしれないが、政府の発表や新聞の論調に疑いの気持ちを抱いていたことは間違いない。しかし発言する勇気はなかったのだ。

清沢自身も、日記に書いていたような、「はっきりとした反戦論や政府批判は公言していない」と言っている。背後に見えない圧力が忍び寄っていたからだ。

清沢は総合雑誌に時事評論を掲載することを禁止されていた。

今日でも、政府発表を無批判に流すことを「大本営発表」に譬《たと》えられることがある。戦時下の報道は、大本営、すなわち軍司令部の発表を検証することもなく、オウム返しに報道していたからだ。政府の広報である。

ところが『暗黒日記』を読んでいると、清沢の次の指摘は、案外今日のメディアにも当てはまるのではないかという既視感を覚える。

**昭和十八年二月十九日（金）**

**政府が声明すると、はじめてこれについて論ずる。かつて一人もこれに抗議する者はいなかった。これが日本の「言論」である。（44ページ）**

報道が主体的、積極的に何かを探り出し、検証し、公表する。こういう検証報道を最近目にすることがほとんどない。新型コロナウイルスについての一連の報道は、清沢の前記の一文が、そのまま今日の言論に当てはまりそうである。

## 都合の悪い情報は無視して都合のよい情報に飛びつく

戦時下で報道が規制されるのは万国共通である。公開された報道は、海外からも容易にアクセスできるので、敵国に筒抜けになることを考えると、公にできない情報もあるからだ。論調も反戦論は影を潜め、戦意高揚に大きく傾く。一億一心のごとき戦争の最中、メディアが戦意高揚の御輿を担ぐのを止めることはできないだろう。

御輿は動物の血だ。ひとたび動物の血にスイッチが入ってしまえば、外見は人間だが心に理性の姿はもはやない。メディアの力で国論を非戦、反戦に切り替えようとしても、勝つか負けるかの世界では、負けは最悪の結果であり、非戦の道を探ろうとしただけで東西南北から集中砲火を浴び、メディアはたちまち四面楚歌となる。

だから戦争が始まってからでは遅い。戦争に近づかない御輿の警鐘を鳴らし、担ぐことがメディアに求められる使命なのである。

清沢が日記の中で取り上げている新聞記事は、いまから振り返ればどれも虚偽的情報であり、虚偽ではなくてもひどく偏っている。いかに国民の戦意高揚、軍および政府への支持強化を目的としていたといっても度が過ぎているというものだ。

なぜ、当時の日本人がこの報道を「信用」したのか、紙面には報道として流されることさえ奇妙に思える内容が続く。いくつかを日記の中から拾ってみよう。

戦時下の新聞でも「外信欄」はある。各国の報道は、極めて短いながらもタイムリーに入ってくる。次の清沢の記述も外信から得た情報と思われる。

昭和十八年一月十三日（水）
一九四三年の米国の軍事予算は一千五十億ドルに達するだろう旨の教書発表。日本の国民所得が四百五十億円としても、約十倍の予算だ。（41ページ）

軍事予算だけで、「当時の日本のGDPの10倍」というのは、それだけで戦意が挫けそうになるほどの大きな差である。恐らくこの外信を受けて、次の陸軍報道部長の発言になり伝わったのだろう。

昭和十八年五月二十六日（水）
谷萩報道部長が二十五日、横浜公園市立音楽堂において枢軸側の勝利が絶対であること、戦争が長期にわたればわたるほどいいと演説した。要は「米国の生産は、彼らが言う六割程度」「米国において飛行機事故が頻発しているのは、労働者が思想的に悪化し、わざと手抜きをしている結果で、米国民の反戦気分を表示するものだ」「兵は器に非ず、気なり。魂だ。米兵は粗製乱造品だ」「米国はその生産において本年がピークだ」といった点だ。（55ページ）

陸軍の報道部長はあえて嘘を吐いたのか、あるいは本気でこう考えていたのだろうか。真相はわからない。もし本気でこう考えていたのなら、およそ情報を扱うには適性を欠く人物である。報道部長の言う情報の出所は不明だが、今日のこの本の読者から見れば、演説内容は単なる無知に過ぎない。当時はこうした偽情報が公然と立場のある人の口から語られていたのである。そして新聞は無批判にそれを伝え、疑問を呈さない。

いくら軍政下とはいえ、このような情報感覚で戦争に勝てるはずはないのではないか。当局は情報統制には熱心な割に、情報の分析・判断は驚くほどいい加減だ。当時の陸軍報道部長は、都合の悪い情報は嘘と疑い否定し、小さく扱い、一方で都合のよい情報は、検証もせずに大きく目立つように扱っていたということだ。

ところが、こうした自己都合を優先した情報の取り扱いは、いつの時代でも、高度に情報化された社会である現代においても、特に国会の一部では決して珍しくもなく、常識と化している。それを何の疑念もなく受け入れる国民の側にも大きな責任がある。

２００３年のイラク戦争では、米国はイラクが大量破壊兵器を持っている証拠を得たとして開戦に踏み切ったが、その証拠はいずれもあいまいなものばかりで、イラク侵攻後つぶさにイラク国内を探しても、ついにフセイン政権が大量破壊兵器を持っていたという具体的な証拠は、ひとつも発見できなかった。

開戦以前から、イラクが大量破壊兵器を持っていると疑われる証拠よりも、持っていないと思われる証拠のほうが、確度も高く多かったが、都合の悪い情報が無視されたのは、人間のやることはどこでもいつでも同じであった。

米国政府だけではない。『ニューヨークタイムズ』などの大手メディアも、イラクが大量破壊兵器を持っているという政府の主張を無批判に支持し、地方紙には大量破壊兵器の存在に疑問を投げかける記事が出たものの、この情報を追うメディアはなかった。

かくして2003年3月にイラク戦争は始まった。

開戦から1年後、2004年5月の『ニューヨークタイムズ』は、当時の報道が誤りだったと紙面で謝罪している。

## もはや報道となっていない報道

いったん事実を捻じ曲げれば報道は、そのたびに自家撞着《じかどうちゃく》が高じることとなる。1944年秋の台湾沖海戦の日本の報道は、あまりにも事実からかけはなれたものだった。

昭和十九年十月十四日（土）

台湾に十二、十三、十四日と続いて空襲あり（延二千九百五十機と発表）。我が軍は航空母艦三隻、艦種不詳三隻を撃沈するも、なお引続き来襲するところを見れば、よほどの有力艦隊が数隊に分れていると思える。（227ページ）

清沢は、「これほどの戦果を挙げたのに、それでもなお敵の攻撃が続いている」ことに疑問符を付けている。清沢自身は米国海軍の陣容にそれほど詳しくなかっただろうが、それでも空母3隻が撃沈されれば、米軍にとっても相当なダメージであることは推察できたのであろう。

台湾沖海戦は大本営発表では、米軍の損害はさらに多くトータルで空母17隻を撃沈としていた。台湾沖海戦で日本軍と戦った米国海軍第二艦隊が保有する空母は、総数で17隻だったから、大本営発表のとおりなら艦隊は全滅のはずである。

台湾周辺の海域は日本軍が制空権、制海権共に握ったこととなり、戦局は大きく変わる。それでもなお、米国の爆撃機が日本本土を空襲し続けるということはあり得ない。

事実は、台湾沖海戦はたしかにあったものの、米国の軍艦は空母も含め、1隻も沈められていなかった。損害は、日本軍のほうが大きかったのである。

この「大戦果」が事実かどうかは、清沢のように前後の米軍機による空襲の頻度によってうかがい知ることができる。清沢以上の情報を手にしている新聞社が何も気づかなかったとは信じられない。

清沢はこんなことも書いている。

昭和二十年三月十四日（水）

空爆の被害や内容については、政府は一切発表しない。ただいくら撃ち落としたということだけだ。――誰かがその撃ち落としたものを総計すれば、米国の造ったB29よりも遙かに多くなっていると言った。（266ページ）

もはや、虚構につじつまが合わなくなってきた。これでは、もう報道とは言えないだろう。さらに次の沖縄戦の報道については、現場により接する数多くの記者たちに罪悪感がなかったのかと憤りさえ覚える。

昭和二十年四月二十日（金）

沖縄戦の景気がいいというので各方面で楽観説が続出。株もグッと高い。沖縄の敵が無条件降伏したという説を僕も聞き、瞭も聞いてきた。中には米国が講和を申込んだという者がいる。民衆がいかに無知であるかがわかる。新聞を鵜呑みにしている証拠だ。それは東京のみではなく地方でもそうらしい。（283ページ）

沖縄戦では軍人の他にも、沖縄県民の4人に1人が犠牲になった。昭和の大戦で日本は大変な数の犠牲者を出したが、それでも死亡者の数は日本国民の7％ほどだから、沖縄の悲惨さは想像を絶する。

沖縄は、米国軍兵士の死者も日米戦で最大となった激戦地である。その沖縄戦の報じられ方がこれだったのである。言語道断、落涙の他ない。

戦時下にあっては、ジャーナリズムの脆弱《ぜいじゃく》さは痛々しいほどだ。表現する言葉もないほど無力と言ってよい。

では、こうした報道に接していた国民の反応はどうか。

昭和十九年七月八日（土）

井出君の話では、地方では、米艦隊を、おびき寄せておいて、ガンと殲滅するのだと確信しているとのことである。（178ページ）

暗黒日記によれば、沖縄戦の頃でも市民の意識はこの頃とあまり変わっていない。実際の戦況と異なり、「市民の戦争の見通しはどこまでも楽観的」であった。どちらかがどこか狂っていると言う他ない。

## 多数派意見を正しいとするあやまち

メディアが国民に影響を与えるのは報道だけではない。論説によっても国民意識は誘導される。戦時下の国民意識は、動物の血で騒いでいる。そこで戦意高揚の論陣を張る識者は、時代の寵児となった。清沢は「徳富蘇峰や頭山満はそうした代表」と記しているが、彼ら以外にも多くの好戦的な論客が各紙で利用されていたといえる。

昭和十九年三月十一日（土）

本多熊太郎は、米国が日本人を皆殺しにすると言っていると、公然と談話している。（143ページ）

昭和十八年十一月十八日（木）
独ソは握手する。ソ英は衝突する。日本は大勝利する。武藤貞一が来て、そうした楽観論をふりまいていったそうだ。（99ページ）

本多熊太郎は中華民国（汪兆銘南京政府）大使や東條内閣の外交顧問を歴任している当時の「いまをときめく」論客であり、武藤貞一は戦前からソ連との戦争、米国との戦争を声高に主張した。

彼らのように、「強硬論で民意に迎合し、民意を扇動する評論家」は、今日の日本でも数多く見かける。日本を賛美し、力の外交を訴えることは、いつの時代でも人々に受けるからだ。人々に歓迎される論説は、次第に多数派の意見と見なされ、前面に出てくるようになり、少数意見はそれに押されてどんどん影が薄くなる。「沈黙の螺旋《らせん》」（エリザベート・ノエレ＝ノイマン）現象である。

多数派意見は、正しく事実を捉え、正しく判断しているから多数なのではなく、単に歓迎する人が多いから多数なのにもかかわらず、往々にして多数派の意見は正しいように認識されてしまうのが常だ。

こうなると歯止めがきかない。メディアも多数派に迎合する。

本来、報道機関は人々が頭を冷やし、先入観なしに判断できるまで、事実を冷静に示し続けるべきなのだが、戦時下ではそれは不可能だ。当時の言論はそんな状況にあったのではないか。まさに暗黒時代である。こうした状況下で言論は動物の血となり「国民玉砕」へと向かっていく。

昭和十九年九月七日（木）

坂本君が東京に行くと、数人の知人が集まった。その中に海軍大将がいたが、「こうなれば国民玉砕の他はない」と言った。坂本君は日本民族の前途をどうするかと反駁したというが、玉砕主義は、今のところ現在の指導階級のイデオロギーだ。（198ページ）

この年の7月にはサイパン島などで民間人を含む集団自決があった。10月には特別攻撃（特攻隊）が作戦として開始される。国民が玉砕して国はどうなるのか。しかし玉砕思想は、抵抗もなく国民を血に染め、広がっていく。名誉、忠義の下、美しく血染めの玉となって砕け散る――ということだろうか。

私がかつてお話を伺った戦場体験者の方々も、全員が戦争で死ぬのは当然と考えていたと語っていた。

昭和十九年三月十日（金）
米英が鬼畜であるとの宣伝が行き渡っている――
浦河から苫小牧までの汽車に挺身隊が乗った。その隊長いわく、「大西洋憲章というものをチャーチルとルーズベルトがつくり、日本人を皆殺しにすると決議した。男も女も殺してしまうのだと声明した。やつらに殺されてなるものか」、これが車中での演説である。（142ページ）

昭和十八年七月十五日（木）
内田七五三蔵君その他の話によると、地方では米国が戦争に勝てば、財産は取り上げられ、国民は殺されると固く信じているとのこと。無知はこの程度である。（71ページ）

これは、先に挙げた本多熊太郎の「米国が日本人を皆殺しにすると言っている」という発言と同列のものだが、米国人は鬼畜生だと、日本政府はあらゆるメディアで宣伝していた。私も幼い頃に「米国人の頭には角がある」と聞いていた。戦後、進駐軍の米国人を見たのは小学校低学年のときだが、角がなかったことに驚いた記憶がある。

国民の多くは、当時の政府やメディアの言うことを信じて、「米国人は鬼だから負ければ皆殺しにされる。それならばいっそ」と考えたのかもしれない。

しかし、米国人に角がないことを知っていた日本人もいたはずである。

もし政府がポツダム宣言を受諾しなければ、日本国民は非戦闘員を含め、本当に本土決戦で玉砕したのだろうか。サイパン、テニアン、グアムなどの南方の島では市民も自死した。沖縄でも県民の25％が犠牲となった。本土決戦でも同じ惨劇が起きただろうか。

300万人を超える犠牲者を出して、なお我々にはわからないことが多い。

## ジャーナリズムの使命

鬼畜米英、国民玉砕という異常なイデオロギーが多数派意見となったときには、すでに冷静な意見が入り込む隙はない。危機を回避するには、多数派とは異なる発言にも耳を傾け、冷静さを取り戻すしかないが、それができた国を歴史上に見つけることは難しい。

現代の我々は、心中は別として米国人を鬼とは思っていないし、北朝鮮はおかしな国、危険な国と思ったり、中国についても傲慢な国、野心を抱いた国、韓国はいけ好かない国というようにさまざまな印象を持っている人は多い。

そしていつの間にか、そうしたネガティブな意見や情報は気分よく受け入れ、意に沿わない情報には目をつぶる。そういう自慰的な態度が、日常的な習慣となってはいないだろうか。

こうした態度は、戦時下の日本人と何ら変わるところがない。

人々には動物の血が流れている。とはいえ報道する側が、ジャングル精神で訴えてはならない。それが報道に従事する者の堅持すべき矜持ではないだろうか。

今日のメディア従事者には、身勝手な正義感や偏った価値観ではなく、真実を追求する使命感と、それを可能にするリベラルアーツが常識のはずだ。

戦時下、『中央公論』と『改造』は、政府に非協力という理由から廃業に追い込まれた。

昭和十九年七月十一日（火）

中央公論、改造の廃業が発表された。

蠟山君の言うところでは、『中央公論』と『改造』の背後に三十万の知識階級――政府のオポジションがある。それがブラック・リストになっているが、それを取り除こうというのである。東條内閣の政策の一つである。（181ページ）

政府の嫌がらせや圧力は執拗を極めたようだ。しかし、それで報道が権力の言いなりになってもよいということにはならない。『中央公論』や『改造』は発行禁止、清沢も関係していた石橋湛山率いる『東洋経済新報』は紙の配給を止められるなど、度重なる嫌がらせを受けながらも政府の路線とは異なる主張はわずかに続いていた。

彼らが発言を続けられたのは、彼らの主張に賛同する読者がいたからである。その数は「30万人」だという。現在でも30万人の読者を有する発行物は、全国紙を除くと雑誌を含めそう多くない。30万人というのは無視できない数である。

しかし戦前の日本で、彼ら30万人の声は上がらなかった。声なきまま、開戦という大きな流れに飲み込まれてしまった。歴史にイフはないが、もし開戦前に30万人の声が上がっていれば、政府の行動は変わっていただろうか。

我々は、意見が多数派に偏ることを強く警戒すべきである。

なぜなら、我々はいとも簡単に多数派の意見に流され、飲み込まれてしまうからだ。それがどれだけ危ういことかを、戦時下の報道が痛みと共に我々に教えてくれている。

## 統制への庶民の反発

戦時中には軍歌や戦時歌謡の替え歌が流行った。戦意高揚をねらって国中で喧《かまびす》しかった軍歌、国民歌は歌詞を大きく変えられ、自棄《やけ》気味な人々の口の端《は》にのぼった。私の記憶にかすかに残っているものもある。

「愛国行進曲」には「見よ東條のはげ頭」で始まる替え歌がある。

執拗な言論統制によって、中央公論社と改造社を廃業に追い込んだ東條首相は、庶民の間では密かにこのように歌われていた。「庶民の中に入り込むことで人気を得ていた東條首相」（暗黒日記）は、庶民の間で流行っていた自身の替え歌を知っていたのだろうか。

国民は新聞やラジオが流す大本営発表に翻弄されつつも、東條首相の「必勝の信念」や「神州日本の勝利を疑わず」的な美辞に、何となく胡散臭《うさんくさ》いものを感じ取っていたのであろう。メディアは「勝った、勝った」と連呼するが、物不足で生活は苦しくなるばかりだし、空襲も激しさを増していったのだから当然である。

東條首相は事あるごとに「いまこそ正念場」と繰り返したが、開戦以来、何度目になるかわからない「正念場」という言葉に国民は無責任さを察知した。「愛国行進曲」の替え歌には、こうした国民の鬱屈《うっくつ》した不信や不満が背景にあると見て間違いない。

今回の新型コロナウイルス感染拡大の事態でも、為政者は打つ手がないと「ここが正念場」「ここを乗り切れば」と、根拠なきメッセージと無責任な見通しを相変わらず繰り返している。

## 目の前にある事実から目をそむける指導者たち

昭和十九年六月十八日（日）

マリアナ諸島のサイパンに敵の大部隊が上陸した。かなり有力な艦隊が来ているが、日本艦隊はこれを迎え撃たなかった。主力戦はいつ？（169ページ）

清沢はマリアナ沖海戦の大敗北を知らなかった。報道は後に「我が船舶、飛行機に相当の損害あり」としか伝えなかったのである。しかしマリアナ諸島は、ここを破られたら終わりという日本の絶対国防圏である。日本海軍の兵棋演習でも、マリアナ沖海戦で負けたらそこで演習終了、その後には何の作戦もなかった。悲しいかな、誰もがその理由と答えを知っていた。

昭和十九年七月十日（月）

栗原海軍報道部長が、翼賛会で、こういう話をした。「日本海軍はサイパンを奪われることは夢想だにしなかった。そのため現在、次の作戦の準備がない。今至急にそれを研究中で

ある」と。(180ページ)

マリアナ諸島を米軍に奪われるということは、日本全土が米軍爆撃機の航続圏内に入るということである。つまり原爆のことはわからなかったにしても、東京大空襲をはじめとした主要都市の空襲は想定されていたのである。

そうなったら日本の敗戦は時間の問題だ。日本が負けることは、明白な形で眼前に迫っていたにもかかわらず、それでも何の手も打たずに、徒《いたずら》に被害を増やしたのである。

戦争を始めたときの権限と決定があいまいだった日本は、敗戦が眼前に迫っても、なお何の手も打たず、戦争の続行も誰が決定したのかあいまいなままだった。このあいまいさが戦争末期の1年間で200万人を超える犠牲者を生んだのである。

200万人は無責任な為政者によって死んだと言っても言い過ぎではない。

この罪深き無責任と権限と決定のあいまいさは、各々が自覚する以上にメディアも大惨禍の戦争に一役買っていたことを忘れてはならない。

(丹羽宇一郎)

# 昭和十九（一九四四）年

## 一月一日（土）

重大なる年来る。歴史を決する日来る。しかしそれにもかかわらず、全くそうした気がしない。形式が整わないからである。

玄米の餅を食う。笠原清明兄弟来る。

朝、切符が買えたので熱海に赴く。山王ホテルに歩いて着く。

東郷安男爵*、土屋計左右君*と夕飯を共にし、土屋氏の家でコーヒーを飲みながら、国家の前途について語る。かつて山王ホテルの会談は談論風発、興味があったが、今は時局の話は、公開の席では一切禁物である。

どこの家でも朝飯の食膳に向かって言うことは「来年も果してこうして食えるかどうか」ということだ。

寒い。火の気が少しもないのである。

東郷　安（とうごう・やすし）　横河電機製作所社長等を務めた後、貴族院男爵議員に選出された。

土屋計左右（つちや・けいぞう）　三井銀行上海支店長、本店外国営業部長を経て、新橋駅近くの土地を購入して第一ホテルを創業し、社長を務めた。

一月四日（火）

夕刊に政府が戦時官吏服務令を決定したとして、それについて東條首相が、また訓示をしている。戦時官吏服務令というのは恐ろしく抽象的である。「不《ふ》屈《くつ》不撓《とう》、努力と工夫とを尽くしてその責務を貫徹すべし」といったことだ。これをまた東條が例の説教でやっている。

東條は官吏を昔の士族と心得ている。したがって民間を一段下の被統治階級と心得ている。

大東亜戦争——満州事変以来の政情は、軍部と官僚との握手である。戦争を目的とする者と、一部しか見えない事務家、しかも支配意識を有している者とが混合し妥協した結果生れたものである。

一月六日（木）

細戈《くわしほこ》千足国《ちたるくに》〈日本〉　鹿子木員信*

あたかもをさな児の飢に泣き恐《おそれ》にをのゝく時その母の名を呼ぶがごとく、われらは困苦欠乏国歩艱難《かんなん》に臨みおのづから心に祖国の名を念じこれをその口に叫ぶ。そは、名のあるところ、実もまたあり、実あるところ、やがてわ

鹿子木員信（かのこぎ・かずのぶ）　戦争遂行のための言論統制を担う内閣情報局の外郭団体である大日本言論報国会の事務局長として国粋主義思想運動を広めた。会長は徳富蘇峰。戦後、公職追放。

れらをして困苦欠乏国歩艱難を克服せしむる力あるが故である。

祖国日本の国号の随一は、いふまでもなく豊葦原《とよあしはら》の千五百秋《ちいおあき》〔年〕の瑞穂《みずほの》国《くに》である。名の意味するところは、とこしへに栄ゆく稲穂みのる国といふことである。この名こそ、名詮自《みょうせんじ》性《しょう》〔名は体を表わす〕、残りなく、日本国土国民の根本性格を表現せるもの。苟《いやし》くも日本国民にしてその操守を堅持しその根本性格に忠信なる限り、われらの祖国は天壌無《てんじょうむ》窮《きゅう》〔天地のように永遠に続く〕の皇運と共に常に食足るの国たるべき定めのもとにある。たとへ戦争非常の際といへども、若《も》し今日食足らざるものありとせば、その原因は、われらが何等かの意味においてすめらみたみたるの本分に背《そむ》くところあるがためである。苟くもわれらにして米英の資本主義的侵略攻勢の走狗《そうく》たりし金《きん》肥《び》〔栄養豊富な肥料〕を峻拒《しゅんきょ》〔堅く拒む〕し、拮据経営《きっきょけいえい》〔農作業に励む〕、堆肥につき、工夫努力、作物の生ひ立ちが、いはゆる肥料によるよりも寧《むし》ろ日の神の恩頼、太陽の光熱によるもの多きを思ひ、春三月下旬、苗代を温床につくりてこれを五月上旬水田に植ゑ、もつて稲の太陽光熱のもとに生ひ立つ期間を永くすること、かの鳥取県の篤農《とくのう》福井氏のごとくする時、若しくはいはゆる周期施肥農法によつて作物を育つることあたかもわが愛児をはぐくむがごとくなる三島の大井上氏のごとき時、食糧生産はこれを倍加して、一挙に戦時食糧問題を解決しもつて豊葦原の千五百秋の瑞穂国たるの実を挙ぐることができるのである。

日本国号の他の一つは、細戈千足国といふ。細戈とは精鋭なる戈《ほこ》、千足とは充足の謂《いい》。すなはち精強兵器の充ち足るの国といふ意味である。われらはこの国号に神武の国日本の面目まさに躍如たるあるを痛感する。然るに周知のごとく、米英思想謀略の然らしむるところ、曽《かつ》てはわが精鋭なる艦艇兵器をあたら海底に沈めてわが神授の細戈を鈍磨し去つて自ら得たりとする米英思潮の跋扈《ばっこ》跳梁《ちょうりょう》を見、その流弊《りゅうへい》〔悪しき流行〕の及ぶところ、つひに今日の危機を醸《かも》すに至る。この現下当面の危局を克服するゆゑんの道は、われらが念々心に細戈千足国の名を呼び、刻々その実現に向つて渾身の力を傾注するにある。その時、磯輪《しわ》上秀真《かみのほつま》国《くに》の別名に現はるゝ四面環海、荒磯を嚙《か》む大洋怒濤の上に聳《そび》ゆる難攻不落の日本の国土は、敵国怒濤の侵寇《しんこう》も物かは、よく日本をして細戈千足国の名に背かざる地球の空を蔽《おお》ふ大空軍、世界の七洋を圧する大艦隊、大陸の野を掩《おお》ふ強靭無比の戦車軍に充ち足る国たらしめ得るのである。われらをして刻々細戈千足国の名を呼ばしめよ。

（『読売報知』一月六日付夕刊）

右は、昭和十九年一月――戦争四ヶ年目にあらわれた新聞論調の代表的なものである。国際的には大東亜宣言、国内的には食糧問題の行き詰まり、武器の近代化の必要に直面しているときに、言論界は依然、神がかり的なものである。かくて戦争に勝ち得るか。

どこに行っても戦争の前途に対して心配している。

## 一月八日（土）

満州事変以来、外交は全く軍部に移った。それはまた一般民衆の好むところの傾向でもあった。それがよかったかどうかは、タイムのみが明らかにしよう。

## 一月九日（日）

僕にもし専門があるなら、それは「米国」と「外交」についてである。僕の約三十冊の書籍はそれだ。然るに米国を相手とする戦争において、僕の言は全く封じられ、国家に尽くす方法はないのである。その上に僕の生活の糧を断つべく政策が行われている。かくていかにして国内を動員できるのであるか。

指導者の無知の例――今や人口疎開に一生懸命だ。そのために法律的強制力を持つに至った。二、三年前にこれをやれば、どんなによかったか。その頃は精神論で反対したではないか。

一月十日（月）

自由学園*の生徒に資本主義の是非、という問題を出したら、ほとんど全部悪いと言ったそうだ。それが戦争を起こしたというのだ。瞭は資本主義はいいと言う。米英を富ましたのはそれだからと言う。両方間違いだが、この大戦の結果、資本主義の変形はやむを得ない。

一月十五日（土）

どの新聞も「大東亜宣言開顕」（『読売報知』）、「大東亜宣言の顕現《けんげん》」（『朝日新聞』）、「大東亜建設の五原則」（『毎日新聞』）といった読み物を出している。筆者の肩書に「言論報国会理事」といった文字があるのを見ると同会の御膳立てなのは明らかだ。それはまた政府の方針だろう。だが筆者を見ると、およそ

自由学園
クリスチャンだった女性思想家の羽仁もと子と羽仁吉一夫妻によって設立された女子中学校。キリスト教の自由主義に基づく生活教育が実践された。

「大東亜宣言」とは縁の遠い連中だ。白鳥敏夫、大串兎代夫*等々だ。
加藤武雄君の話では同君は「大東亜宣言」にちなんだ小説を情報局から頼まれているそうだ。
いかに消化しきれぬ標語であるかがわかる。

**一月二十三日（日）**

日本の特徴はYes or Noを明瞭に言わないことである。本日の『毎日新聞』の徳富蘇峰の日本史に、奥羽諸侯の処分問題について毛利父子は、子は「天下粛然」と言い、父は「震慴《しんしょう》悚慄《しょうりつ》〔恐れおののく〕」と言ったとある。YesでもなしNoでもない。
開国、閉国の論、シベリア出兵当時の日本政府の態度、いずれもYes Noがないと同じだ。

**一月二十八日（金）**

海軍中佐伏下哲夫という人のドイツの話を経済倶楽部にて聞く。「ドイツの内部事情は確かに強い。しかし作戦による結果は不明だ」と言う。また結局は

大串兎代夫（おおぐし・とよお）　法学者、国家学者。国民精神文化に関する研究、指導および普及を目的として設立された文部省の直轄機関である国民精神文化研究所研究嘱託。

生産の総量によって決定すると言う。結論はもとより言わないが悲観的である。ドイツの労働力三千万、うち外国人八百万。

一月二十九日（土）

支那人は「皇軍」と言わないでそれに「虫」ヘンを付けるという。蝗《いなご》軍の来るところ一物も存せずという意味であるとのこと。また南京あたりでも、子供が剣術の真似をやっており、その意味を問えば「強くなって日鬼〔日本軍〕を放逐するためだ」と言っているという。

二月一日（火）

本日から無月給者になる。物価は全く天井知らず。砂糖の闇価格は今や百円（一貫目）といわれる。どこも米が足らない。

二月四日（金）

雨降る。ホテルにこもって協議を続ける。午後十一時半まで。ホテルは日本一だけにご馳走は整っているが、分量は少ない。これだけいいものを食わせるところはなかろう。しかし腹は中高年の僕らを以てしても一杯にならぬ。

**二月六日（日）**

どの新聞もが「元寇」以来の大問題として総決起を第一ページ以下に掲げている。頭山満*を『朝日新聞』はかつぎ、徳富蘇峰を『毎日新聞』がかつぐ。

**二月七日（月）**

今朝の新聞は、いずれも英米に対する敵愾心《てきがいしん》の昂揚を目指す記事を掲げている。おそらく軍部か、情報局あたりで作ったものを載せたのだろう。殊に『朝日新聞』のものが強い。「日本人を殺せ」と絶叫しているというのである。問題はこうした仇討ち思想で、世界の同情を集め、また戦意の昂揚に役立つかどうかだ。

**二月十日（木）**

晩に柳沢健*君の日泰文化会館の会に赴く。どこでも話題になることは食い物だ。腹一杯にならないというのである。

**頭山 満**（とうやま・みつる）
玄洋社総帥、黒龍会顧問。国家主義団体の玄洋社を創立し、軍備拡張、強硬外交、大陸進出を唱え、政治の裏舞台で右翼の中心人物として活動。一方、朝鮮の金玉均、中国の孫文や蒋介石、インドのラス・ビハリ・ボースら、日本に亡命したアジア各地の民族主義者・独立運動家への援助を積極的に行った。

**柳沢 健**（やなぎさわ・たけし）
逓信省、大阪朝日新聞社を経て、外務省に勤務。文化事業部課長当時、日本ペンクラブの創設にも尽力し、日本文化の伝播に努めた。退官後は評論家として活躍。

昨晩の「常盤」では米がなく御飯が出なかった。

桑木*博士は今日は家に米が少しもなかったと言った。

柳沢健君の娘が学校に行くのに、弁当を持たせてやるが、女中がその中から盗んで食うという。言えば出て行かれるし、どうにもならないと。

英子〔次女〕の青山女学院では弁当をストーブで温めることを中止した。ドシドシ盗まれるからだ。

いずれも食糧問題の窮迫を言わざるを得ない。食糧問題から悲観説があらわれている。

**二月十一日（金）**

国民登録制を拡大し十二歳より六十歳まで。僕も徴用される危険性が増してきた。

**二月十三日（日）**

夕方、土井田清一君が来た。中大卒業生で海軍士官候補生だ。二、三日中に主計中尉になるそうだ。

**桑木厳翼**（くわき・げんよく）文学博士。京都帝国大学教授、東京帝国大学教授を歴任。カント哲学を研究し、西洋哲学研究の基礎を確立した。

（一）教育が末梢的であって、半年間を何にも習得しなかったと同じだと言う。
（二）戦争の状況など少しも話してくれないとのことである。
　彼はこれから海軍士官として第一線に赴くのである。現在の事態から見て、果して生還できるかどうか。涙ぐましい悲壮な気持ちになることをどうすることもできない。

「銀星」あたりでも近く雑炊を客に出すはず。三十銭で一食だが、「お腹が一杯になるまい」と言うと、警視庁では「誰だって一杯にならない。食えないよりいいではないか」と言っているという。昨夜の会での話――大概お昼を三回食い歩くという人があった。誰も腹が一杯にならないのが近頃の状態だ。

　食糧問題の窮迫が上下を通じて問題になってきた。つまり満腹感が得られないのである。戦争が早くすむと宣伝する一理由。

## 二月十四日（月）

　敵の俘虜《ふりょ》虐待宣伝は、習慣の相違にもよろう。日本では罪人を打ったり殴ったりすることは全く何でもないのである。然るにこれを米英で行うと大変な人権問題だ。日露戦争の頃は「国際法」というものが、厳格な手本であった。それに準ずれば俘虜優遇の事実が生れる。第一次世界大戦の頃もそうだった。今や日本復古精神によるのであり、英米人優遇は「英米的」であるから、自然極端になるのであろう。いつか俘虜管理官小田島薫大佐が「日露戦争の頃は西洋崇拝的であったから、現在は日本主義的にした」と言っていた。
こうした小さな事件――影響は決して小さくないが――においても、今回の戦争の復古主義的性格を見ることができよう。

**三月六日（月）**（函館にて）

二月十九日に東京を出発。逓信省――新しい運輸通信省通信院の委嘱により樺太《からふと》、北海道を巡講のためである。

青森にても函館にても、停車場の職員が喧嘩腰にて乗客と盛んに喧嘩している。人の気が荒く、今後の問題は鉄道駅頭にて勃発の可能性あり。見渡す限り雪にて北海道の風景現出。晩は局長らと会食。二十日晩。

三月四日朝、札幌発。今までは随行者あり。今日から自分の手荷物の重さを感じる。函館近く――（南方）――になるにしたがって人の気が荒くなる。苫小牧の駅にてそれを感じる。汽車に乗り換え殺人的な三等車の混雑で日高浦河に到着。奥田実治君と笠原義和君が出迎えに来る。奥田邸で一風呂浴び、非常なご馳走になる。久し振りの鮮魚に満腹。

## 三月八日（水）

この日記帳を旭川郵便局長気付で送ってあったのだが着かず。函館ではじめて手にし、待つ間に要領のみ記入した。

旅行中にクェゼリン、*トラック両島の勇士玉砕を知った。その中に石橋湛山君の二男和彦君がいたはず。

雪吹風激しき夜なり北海にクェゼリン勇士の玉砕を聞く
長刀に海軍中尉の軍服の似合ひし姿今も忘れず
古しへの聖《ひじ》りは奇蹟を行へり神よいま世に現はし給《たま》へ
愚かしき思想と政治の結実を今、身近くに刈りとるらんか

和彦君は実にいい青年だった。

汽車の混雑は言いようがない。鉄道員は「戦時下」という言葉を不親切の同意義と心得ているらしい。どこでも喧嘩である。また宿屋などの投げやりな態度も言語道断だ。今後数十年間、日本はこの不親切が常道になるのだろう。

**クェゼリン島の戦い**
1944年1月30日、マーシャル諸島のクェゼリン環礁に米国軍が侵攻。航空攻撃と艦砲射撃の事前攻撃を行った上での上陸により、日本軍は短期間の戦闘で全滅。

## 三月十日（金）

今日は陸軍記念日*ということで新聞もラジオも陸軍礼讃をやっている。朝、井上幾太郎*大将のラジオの講演。近頃の講演に北條時宗*が出ないことはない。敵の数が「天文学的」とのみ言えないことを述べている。

戦争の前には、米国人は海軍兵士にはなれない。彼らは逃げる。また潜水艦などには、苦しくて到底乗れないと言った。次には米国の計画は、「天文学的数字で――」と計画倒れになることをあざけった。

今や、それらについて「事実」を承認せざるを得ないのである。

日曜日を三月五日から全廃した。学校でも日曜日に授業ができるよう法令を改正する。余計に時間をかけることが、能率を上げることだと考える時代精神のあらわれだ。

米英が鬼畜であるとの宣伝が行き渡っている――

浦河から苫小牧までの汽車に挺身隊が乗った。その隊長いわく、「大西洋憲章*というものをチャーチルとルーズベルトがつくり、日本人を皆殺しにすると決議した。男も女も殺してしまうのだと声明した。やつらに殺されてなるものか」、これが車中での演説である。

**陸軍記念日**
3月10日。日露戦争の奉天会戦に勝利したことを記念して制定。海軍記念日は、日露戦争の日本海海戦に勝利した5月27日。

**井上幾太郎**（いのうえ・いくたろう）
陸軍大将。1933年に予備役編入。その後、帝国在郷軍人会会長、大東亜建設審議会委員。

**北條時宗**（ほうじょう・ときむね）
鎌倉幕府第8代執権。二度にわたる元の来襲（元寇）から国を守った。

**大西洋憲章**
1941年8月に英国のチャーチル首相と米国のルーズベルト

また、日本人に子を産ませないように、睾丸を取るとか、あるいは孤島に追いやるとかいうことも、一般人の間では信じられている。

三月十一日（土）

本多熊太郎は、米国が日本人を皆殺しにすると言っていると、公然と談話している。

三月十二日（日）

アドミラリチー島のロスネグロス島に敵上陸と大本営発表——

海軍に優秀な青年が争って入隊した。その優秀な学徒が、今やほとんど全滅の危機に瀕している。日本は彼らに待つべきものが多かった。その彼らが死滅する。国家の損失、何物かこれにしかん。ああ。今回の戦争でこれが最も重大なることだ。

大東亜戦争はすべての研究——人文科学を殺した。世界機構の問題の研究すらも危険なり、赤化なり、敗戦主義なりと迫害された。鮎沢君の如きはその一人である。我らも公然とは、一切これを発表しない。

大統領が大西洋上で会談し発表した共同宣言。第二次世界大戦と戦後の世界秩序の基本原則を示し、のちの国際連合憲章の基礎となった。

三月十三日（月）

「買出し取り締り」「横流し禁止」「闇の絶滅」――役人がやっているだけに取り締りはあらゆる方面において強化されている。しかし生産方面については、ほとんど何らの考慮も払われていない。最近になって空地耕作などが言われてきているだけだ。物は自然に生まれると考えるのだ。

日曜日は三月五日から廃止された。機械の二十四時間稼働と共に、人間の三百六十五日勤務ができるわけである。そのことは無論、仕事によってはいい。我らは現に日曜日もない。しかし問題はそれが能率を上げる所以であるかどうかである。

三月十四日（火）

食糧の不足が、どこに行っても話の種である。北海道で僕を案内した志村民治君（逓信局現業調査係長）は七人の子供がいるが、自分たち夫婦はおかゆだけ食っていると言っていた。それがために二、三貫痩せたそうだ。蠟山君は成長盛りの子供に一番たくさんやって、残りを夫婦で食うそうだ。どこでも米は二食分しかなく、一食分足りない。僕の家でも瞭がもっと食いたいと言うが、近頃は割り当てだ。大熊真君のところでは、「子供も空腹だが、もう馴れた、僕らはおかゆだ」と話していた。僕が二十日近く家を留守にして、それで一杯食ってしまったとのことである。つまり配給では全くやっていけないのである。

三月十五日（水）

「戦いは文化の母なり」「百年戦争」といった讃美をしていた者が、随分多かった。今その人々は何処にいる？　しかし新聞は相変わらず斎藤忠とか鹿子木員信とか野村重臣*とかいった神風連中で賑わっている。この国民の愚、及ぶべからず。

東大の学生が暗渠《あんきょ》工事の勤労をやっている。大学生と土木工事——

三月十六日（木）

今日は興味深い話を聞いた。

昭和十九年二月二十三日の『毎日新聞』は「勝利か滅亡か」と題して特号活字の記事を一面に出した。それはマーシャル島の勇士の玉砕を経て、トラック島で日本海軍が大損失をした旨の発表があった直後だ。二十二日の新聞には東

**野村重臣**（のむら・しげおみ）右翼的・国粋主義的な言論が反発を招き同志社大学を解雇。その後、右翼的言論の著述に専念。大日本言論報国会が発足すると理事に就任した。

條首相が参謀総長を兼務した記事が発表された。『毎日新聞』に発表された記事は「勝利か滅亡か」「戦争はここまで来た」「まなじり決して見よ、敵の鋏状侵寇〔挟み撃ち〕」という標題の記事であって、その中にこういう文言がある。

太平洋の攻防の決戦は日米の本土沿岸において決せられるものではなくて、幾千海里を隔てた基地の争奪をめぐつて戦はれるのである。本土沿岸に敵が侵攻し来るにおいては最早万事休すである。ラバウルにせよ、ニューギニアにせよ、わが本土防衛の重要なる特火点たる意義がこゝにある。

そしてこの記事は、故に竹槍では間に合わぬ、飛行機だ、海洋航空機を造れという論に続くのである。

この記事を東條首相がその日の午後三時頃に読んで怒った。沿岸に敵が侵攻してきたら万事休すとは何事か、東京が焦土に帰しても、日本国民はあくまで敵を滅するために戦うのだと。

情報局は慌てて、午後三時半頃になって『毎日新聞』の発表を禁止すると同時に、翌日、同局は都下新聞社の編集局長を招致して、今後、そうしたことのないようにと訓示した。

陸軍省は『毎日新聞』に鋭い警告を発し、かつその筆者が誰であるかを問うてきた。『毎日新聞』では筆者を出すことを謝絶し、編集局長の吉岡半六君が辞職した。

　これで問題は解決したと思われた。事実、筆者の目指したところは生産増強にあったのだ。ただそのヒステリックな書き方は、ジンゴイスト〔自己中心主義者〕の『毎日新聞』ですらも、ひどすぎたほどのものである。山根真治郎＊は、右の情報局の会議で、二十二日には東條首相は閣議で〝今や正に帝国は文字通り隆替《りゅうたい》〔興亡〕の岐路に立っている〟といった事実もあり、それが筆者の頭に入っていたのであろうと。

　ところが二、三日してその筆者に突然徴兵命令の赤紙が来た。同人は海軍省の出入り記者で四十一、二歳の男、兵役関係のない国民兵である。この人が徴兵されたのである。彼は丸亀に入隊した。これを聞いた海軍省は怒った。海軍報道部員を無断で徴兵するとはけしからんというので、丸亀師団部に交渉して除隊させた。海軍としては、彼を飛行機で直ちに南方に連れていく手筈をしていた。然るにその除隊された筆者は、その翌日、また徴兵された。今現に丸亀

＊山根真治郎（やまね・しんじろう）　国民新聞編集局長、日本放送協会理事、東京新聞編集局長等を歴任。ジャーナリスト養成機関の新聞学院を設立し、ジャーナリズムの基礎を築いた。

にいるとのことである。
この話ほど、東條の性格、陸軍のやり方、陸海軍の関係を、いみじくも描き出しているエピソードはない。

三月十七日（金）
日本はその地理からバランス・オヴ・パワー〔勢力均衡〕の上に立たねばならない。英国が大陸に対して取ったように、アジア大陸に対しては、そこに必然的に起こる列強との衝突に対処して勢力均衡政策を取ることが賢明である。自ら大陸国の一つになろうとしたことに日本の失敗があった。将来、日本の外交政策はこの一点に注意することが肝要だ。
瞭の話。吉田大尉という前の先生が来ての話によると、アッツ島では人間の肉を食ったそうだ。人間の肉を食うと口がはれる。それを見て「人肉を食ったろう」と上官が聞くと「食いました」と答えるという。

三月二十一日（火）
先頃、避難荷物の検査があった。その検査官は、出入りの大工の梅村であった。我らの隣組長*を従えて、挙手の礼をして「よくできました」とほめていったそうだ。ワイフは「今までは、勝手口から出入りするのにも遠慮していましたのにね」と言う。

ここに問題は二つある。一つは大震災のときもそうであったが、今、秩序維持の責任が、大工や植木屋、魚屋などに帰したことだ。彼らは丁度いい知識と行動主義の所有者である。第二は個人の持ち物をも、警察の代表者などによって検査されるという干渉主義のあらわれだ。新聞には疎開の荷物の中にカンカン帽があったとか、ピアノがあったとか、そんなことばかり書いてある。荷物の分量を決めて、何が大切であるかはその人の裁量に任せればいいではないか。その人によって「最も大切なもの」の観念が違うのだ。

## 三月二十五日（土）

今日は一日中、畑で働く。枝豆、つる葉などを植える。晩に稲垣乙丙博士*の農業の本を読む。近頃は、農業のことが一番熱心に、かつ興味深く身に染みる。稲垣博士という人の篤学《とくがく》かつ研究的、しかも通俗的なのには驚かされる。子供の頃、しばしば聞いた名前ではあるが、こんなに偉い人とは思わなかった。科

隣組
1940年に内務省の訓令によって制度化され組織。5～10世帯を一組として、戦時下の住民動員や物資の供出、配給、防空活動などを行った。思想統制や相互監視の役目も担っていた。

稲垣乙丙（いながき・いっぺい）
農学者。ドイツ留学から帰国後、盛岡高等農林学校教授を経て、東京帝国大学農科大学教授となり農林物理学や気象学を指導した。

学界に偉人出でよ。明治時代にはやはり研究的な人が多かったのだ。

三月二十九日（水）

『毎日新聞』に地方の別荘などを徴用せよとの投書あり。近頃は個人の所有権を取り上げることが当然のように考えられている。

土橋のところに警察官七名が来た。土蔵に入って品物を全部提供せよと命令したという。商品の私有を許さないのである。

三月三十一日（金）

午前中百姓。午後外務省に赴く。

ソ連との漁業本条約ができたとのことである。その交換条件として北樺太の権利を返還したそうだ。

このソ連との条約について重臣のところに加瀬秘書官等が行ったが、誰も反対しなかったという。

## 四月一日（土）

銀座を通ってみる。半分近くは戸を閉ざし、どの食物屋の前を通っても百人前後に達する長蛇の列である。腹にたまらぬ飯を食うのにこの騒ぎだ。

◇

銀座といへば「銀ブラ」が必ず連想されるほど、この繁華街は表も裏も大都市の閑暇《かんか》と消費の文化を代表していたものだが、いまや戦時生産色の濃い姿にがらりと変つて来た。

◇

明治十三年この方、銀座に店を張つて、舶来食品、飲物類で名を知られ、好新性の強い東京人を引きつけてゐた亀屋も、先月三十一日限りで閉店した。新しい看板に「日本造船会社事務所」とある。三十名の店員はこの会社に入社、「翼と船」といふ時代の要求に応へることになつた。

享楽追放で休業を命ぜられた酒場やカフェーは次々に軍需会社の事務所と変り、百貨店もすでに売場の大部分を生産のために供出してゐる。いま時「昔恋しい銀座の柳」など歌つてゐる有閑男女もさうあるまいが、明治五年にはじめて西洋風の煉瓦建築が出来て繁昌し出した頃から長い歴史を振り返るものは、事務所街になつた銀座に世の変遷の激しさを感じることであらう。

（『毎日新聞』四月二日付）

四月三日（月）晴

近頃の野菜の配給は一人一日一銭だという。一銭といえば、ねぎ一本にもならない。

我が家への配給が三日分で十八銭。一日分六銭で、六人家族だから一人当り一銭である。里芋ともやしであるという。

しかも一方、新聞は電車や汽車の客の混むことばかりを攻撃して、少しでも客足が少ないことを「自粛」だとか「好成績」とか言っている。日本の新聞記者は官庁のメガホンである。ここでも自らの頭脳を使うことを忘れている例がある。彼ら自身が配給では絶対食えないことを知りながら。

戦争というものが何を意味するかを理解することは将来の日本にとって大切である。

日本人は戦争に信仰を有していた。支那事変以来、僕の周囲のインテリ層さえ、ことごとく戦争論者であった。小汀利得君も、太田永福君もそうであった。事実、これに心から反対したものは、石橋湛山、馬場恒吾両君ぐらいのものではなかったかと思う。そうした日本人に対しては何よりの実物教育であろう。

**四月五日（水）晴**

新聞は「日本的給料」とか「皇国的勤労観」とかいうことを盛んに言っている。俸給制は米英的だから、日本的なものを創造せよと言いたいらしい。日本的なものというのは封建主義だ。主人が雇人の生活を保証し、その代りに絶対の服従を強いることだ。彼らには、明治の維新が何故に起こらざるを得なかったかまるでわからない。またそんなことがわかるような頭の持ち主は口が利けないのではあるが。

**四月七日（金）午後四時より雨**

インパールへ日本軍は進出しつつある。*これは東條大将が参謀総長になってから最初の大きな作戦だ。その作戦には、これによってインドが動揺し、反英運動が起こる可能性を考慮に入れたもので、政治的な狙いを主としていよう。

*インパール作戦
陸軍によるインド北東部の都市インパールへの進攻作戦。チャンドラ・ボースのインド国民軍も参加。英国・インド軍の反撃と補給の途絶により惨敗し、退却命令。この退却で多数の将兵を飢えと病気で失う。戦死者は約3万人、戦傷病者は4万人と推定される。この作戦の失敗により、ビルマ防衛戦が崩壊した。

東條の見通しが正しいかどうかが、この戦争の結果によって明らかにされよう。

今日の配給野菜は六人家族の我が家に五、六銭だという。ひと握りのもやしのみである。二、三日前、畑をやっていたら、妙齢の婦人が野菜を分けてくれないかと言った。毎日の新聞は野菜のことばかりだ。ところが、その増産の奨励にもかかわらず、馬鈴薯《ばれいしょ》のタネイモも、ニラのタネもいずれも配給されないのである。

## 四月十一日（火）

ジャポニカスの原稿に着手したが、どうも書きにくい。大東亜だけで仕切って、それに重要性を持たせることは僕の論理が許さない。支那、フィリピン、マライ、ジャワ——どこも日本人の徳に、少しも服していないではないか。戦争中に剣を以て維持する「共栄圏」が、戦後どれだけ足跡を残すのだろうか。大東亜共栄圏は、日本を中心にして小国が自然に集まるところに生まれる。日本人にはそうした統治能力はない。現実が論理を決定する。

四月十二日（水）

今朝の『朝日新聞』は、いろいろな問題を取り上げ、一括して取り扱っている。これらの不平、不満あるいは現状の発表は、従来は「非常時局」「戦時下」の名に隠れ、あえて発表し得なかったものだ。また実際、外国に知れると悪影響を与えよう。しかし、もうそうした考慮にかまっていられないほど、国民は不便を感じているのである。

教科書はできない、肥料は足りない、漁業用の油の配給では出漁が数日しかできない。交通関係は言うまでもなし――それらがようやく切迫してきたのである。戦争そのものの結果ではあるが、同時に無茶な徴用、徴兵、いわゆる重点主義等の経済関係のデリカシーを知らない政府のためにここに至ったのだ。日本はいよいよ国内的に行き詰まってきた。これがどこにどう出るかが次の問題だ。

四月十三日（木）雨

重臣と東條首相が十二日懇談した。従来、東條は質問封じのために、各大臣を同伴したが今回は一人で出た。重臣連中は「戦争はどうだ」と質問した場合、

「あなたはそんなことを聞いて何になさる」と反問される可能性あり。その返事をあらかじめ用意しているということだった。東條には誰もが手こずっているようである。

明治時代には重臣は、真の発言権を有していた。明治天皇の御親任を拝して、首相をも監督する地位にあった。それがチェック・アンド・バランス〔抑制と均衡〕の役目を務めた。然るに今重臣は全く並び大名で、首相に対する質問すらもできない有様だ。

東條が御親任を名として、首相、陸軍、軍需相、参謀総長と完全に独裁者となっている。いろいろな問題と示唆がこのあたりに見られる。

官僚主義、統制主義の欠点は、日本における数年の試験によって完全に明らかにされた。僕の一生を通し、この目前の試験が、僕の確信を決定的なものとした。統制主義、官僚主義は日本を亡ぼす。

四月十四日（金）晴

ゴルフ場はことごとく取り上げられ、小金井ぐらいが唯一の残存だ。しかもこれを利用するというよりも、取りつぶすためだ。ブルジョア遊戯に対する反感である。出来上がっているものを取り上げること、嫉妬、不平、占領主義それらが「日本精神」なるものの特徴だ。

**四月十五日（土）晴**

また閣議で配給機構が変わった。閣議というのは、切符や、魚の小売りのことばかり相談しているところらしい。とにかく、役人は他に用がないのと、また統制の面白さに図面ばかり引いている。左翼全盛の頃からの流行だ。遺物だ。

**四月十八日（火）**

「今年もヒマを蒔きましょう」と宣伝を始めた。国民は一回や二回は宣伝に乗る。しかしそのヒマが、せっかく作っても、少しも回収されない事実を経験した後には、毎年やるものではない。今年のヒマはおそらく大減収しよう。

新聞の報道では無理に疎開させた指定地の空き家は、まだそのままになっているそうだ。官僚政治の好模範。

南瓜《カボチャ》と不断草《ふだんそう》の種配給。馬鈴薯はとうとう来ず。種をたくさん要るところも、要らぬところも同じ分量だ。そこに非常な浪費がある。統制経済、画一主義の浪費と、自由経済主義の屈伸性のある所以。

「何が何でも南瓜を作れ」とのポスターを貼る。家の英子いわく、「サア南瓜を作りましょう」と言ったらどうですかと。小さなことを全国的に宣伝する結果、一方に偏るのはやむを得ず。ことに下らないことまで閣議の決定による結果、自由裁量の範囲はますます狭められる。

**四月十九日（水）**

高柳賢三*君と共に銀座裏の日本食屋に行く。腰かける場所が他に空いたので、そこへ移った。二、三分後にフト気がついて、椅子の上に置いた帽子を見るとそれがない。盗られたのである。新しい鳥打ち帽子であった。紳士面した男が盗ったのである。日本は泥棒国となった。

「神国」である国は、しかし泥棒であっても差し支えないのである。

**四月二十一日（金）**

新聞は疎開*のことを毎日毎日書いている。疎開をするのにトラックがなく、汽車が不自由、疎開先に連絡もできない――足を縛っておいて、それ飛べ、な

高柳賢三（たかやなぎ・けんぞう）
英米法学者。東京帝国大学教授として英米法を講義。戦後、極東国際軍事裁判でA級戦犯の弁護人を務めた。

疎開
米軍による本土空襲が始まると、空襲や火災による損害を少なくするため、都市部に住む学童、老人、女性や攻撃目標となる施設などを田舎に避難させた。

ぜ飛ばないのかというのが現在の政治だ。

『改造』を久し振りに読む。徳富蘇峰の巻頭論文あり。時局を楽観も悲観もせず、静観するという。それから日本の近状を「不親切」と「形式主義」とで攻撃している。この人の頭には二つの日本が画然と存在している。神国日本と堕落日本とだ。そして日本が堕落したのは西洋個人主義の影響だと考えているのである。彼の望むが如く戦争に入って、日本主義が全盛になって、何故によくならないのか！

## 四月二十三日（日）

インパール攻撃は、最初は秘密にし、インド国境突破も新聞社に対しても抑えたものである。ところがその国境突破の反響がだいぶよく、西アジアのほうからもそうしたニュースがあったというので、今度は東條自身が乗り気になって、陣頭に立って宣伝を命令しているとのことである（朝日新聞記者談）。

知識を持たず、目前の事象で動く東條らしい話だ。

四月二十四日（月）

清明、田舎から帰ってくる。田舎では「いつ戦争がすむんだや」と盛んに聞くとのこと。あるラバウルから帰った兵隊さんの話によると、敵の飛行機に対し、当方は全然なく、地上から撃つだけだ。しかも食糧は缶詰と、多少の野菜だけだとのことである。そんなことを地方出身の兵隊が話すのだから、戦況はかえって田舎のほうに知れ、そこにまた不安も生れるのである。

医者の話――徴兵立会検査官だが、適齢者の九十八％まで取れとの命令だ。僕らから見れば、こんな身体では、とても働けない、家にいればそれでも多少とも増産に役立つ。しかるに徴兵された後、病気になるのは必然だが、そのための費用が一年一千円は要り、この病院費が何億円だそうである。命令だから仕方がないが、何をやっているか我々にはわからないよ、と。

四月二十五日（火）

雨降る。本年の雨続きは、作物には非常に悪く、心配だ。

四月二十八日（金）
婦人の服装が、一割は紋平《もんぺ》姿、一割六分とかは国民服、一割ぐらいはズボンといった具合になったそうだ。朝のラジオの話。つまり銀座街頭を通る婦人の半分は戦時服装だ。その服装が、極めて複雑怪奇なもので、要するに何でもいいといったもの。無統一で醜悪だ。ここらに現代日本の表現があろう。

四月二十九日（土）
国内の物価インフレも同傾向にあり。砂糖は一貫目百五十円で売り手なし。電波機製造業の七尾氏の話では、軍需工場をもってして坪当り一千円の建築費がかかるという。工場では公然、陸軍監督官に「闇」でないものは何にもありませんと言っている。しかし現在では、この闇をやっても成績を上げれば敏腕家だと言われるようになった。
つまり「闇」はもはや「闇」ではなくなったのだ。経済原則を乗り越えた統制と干渉が、「公定」のほうに標準が動かずして、「闇」が普通になったのだ。犯罪はもはや犯罪でなくなりつつある。

### 四月三十日（日）

日本はこの興亡の大戦争を始めるのに幾人《いくにん》が知り、指導し、考え、交渉に当ったのだろう。おそらく数十人を出まい。秘密主義、官僚主義、指導者原理というようなものがいかに危険であるかがこれでもわかる。

我が国における弱みは、将来、この戦争が国民の明白な協力を得ずして、始められたという点に現れよう。もっともこの国民は、事実戦争を欲したのであるが。

この時代の特徴は精神主義の魔力だ。米国の物質力について知らぬ者はなかった。しかしこの国は「自由主義」「個人主義」で直ちに内部から崩壊すべく、その反対に日本は日本精神があって、数字ではあらわし得ない奇跡をなし得ると考えた。それが戦争の大きな動機だ。

### 五月五日（金）

学生（学徒と言っている）は労働に駆り出されている。* 大学生が土木工事の土を運んだり、物を積み下ろしたりしているのである。閣議でその要項が決定したが、学科は一週間六時間以上、毎日の勤労は十時間が原則といった具合。

学徒動員
軍需産業や食料生産の労働力不足を補うために、中等学校以上の生徒や学生を強制的に労働させた。戦況の悪化につれ、1944年には通年動員となった。

外務省の人事課長が話していたが、高文試験〔高級官僚の採用試験〕の成績が非常に悪いという。学問とか将来とかいうものを考えないのが、いまさらならぬ戦時の日本の特徴だ。

## 五月七日（日）

明治の功臣たちが何故に欧化したか。彼らは武士として攘夷主義者の先達ではなかったか。鹿鳴館事件の井上馨《いのうえかおる》の如きは、最初はその最たるものであった。明治の功臣は、大東亜戦争の指導者たちと違って、考え方にフレキシビリティがあったのだ。日本を偉大にするためには常に優れたるものに従ったのだ。

一昨日、古賀峯一*大将が殉死したとの報あり。かつて一面の識あるだけに感慨無量だ。少しも異議はないけれども、「戦勝」の功なくして元帥への昇叙はどういうわけだろう。気がついてみれば誰も彼もそうである。武官の昇進は「年順」か、そうでなければ「誠忠」に対してか、ないしは「死」に対して行われるのである。

**古賀峯一**（こが・みねかず）元帥海軍大将。山本五十六大将の戦死に伴い、連合艦隊司令長官になる。パラオからダバオに飛行艇で移動中に殉職。

## 五月十四日（日）

官僚は生産意識がない。殊に日本の如き家庭で、そうした空気のない国において然り。この官僚主義は生産を盛んにすることはできない。今これが可能なのは、外国との競争がないからだ。そこで戦後は、

（一）官僚が生産的になるか――

（二）競争主義の復帰か――

の二つ以外にない。そしておそらく後者の道をとるだろう。

## 五月二十一日（日）

昨日から警戒警報発令。本日も未だ解けず。昨夜帰ってからリュックサックに食糧などを詰める。イザというときに逃げるためである。

「米鬼」に対し盛んに宣伝しているが、一般はどうも対敵憎悪心が出ないようである。もっともこれは知識階級の間だからかも知れない。

瞭の話では、岡部文相が自由学園に行って、「日本人は善意の悪政をやり、英国人は悪意の善政をやる」と言ったそうだ。支那やフィリピンにおける治安がはなはだ悪いというのである。そして干渉が過ぎることを認めたという。文

相の皇道精神とは「善意の悪政」のことか。

## 旅行より帰りて

この日記帳は持って行かなかった。荷物になることもその一つの理由だが、それよりも、どこかで舌禍にかかり、この日記帳を取り調べられることを恐れたからだ。我らの生活は不断の脅威に満ちている。

六月十一日午後八時過ぎ、予定の如く横浜に帰る。駅に家妻となつやあり。帰宅してみると畑は一面の草である。畑や他の仕事が多忙で、一週間後、旅行の印象を書く。

一、九州、殊に南九州は食糧が豊富だ。北海道の豊富さは貯蔵品の使い残しだが、九州は生産地だ。海岸近くは魚が食い切れず、鯛などは始末に困るそうだ。交通機関というものが、いかに必要であるかがいまさら感じられる。

二、汽車から観ると田畑に働いている者は、女と子供だけであり、たまに男がいるのを見るとお爺さんだ。徴兵と徴用が非常に多く、今なお続いている。

三、長崎では芸者はいなくなったが、あいまいと女郎と区別がつかないような者はたくさん存在する。そういう者が存在しなければ「産業戦士」が落ち着かないというのだ。昔の丸山町の一帯がそれだ。支那人の家、個人の立派な邸宅、皆産業戦士の寄宿舎になっている。大変な数である。

四、佐世保に行くと駅に「警保隊」というのがいる。ここは陸軍の勢力ではなしに海軍が牛耳っている。料理屋などでも税金を払わない。税務署がぐずぐず言うと、「海軍を見殺しにするか」と逆ねじを食わせるのだそうだ。そこでの話だが、海軍で新兵をぶん殴ることが多い。殊にそれは学徒に対するものが極端で、こん棒で殴られ、腰骨を折った者も少なくないという。町を歩きながら、その地の大呉服屋や、大商店の閉店しているものが多いのに驚く。そして思った。もし何人か煽動する者がいれば、暴動の火がつくであろうと。

五、汽車の二等の椅子などが、すり切れて、中があらわれている。日本も、いよいよ物資において最後的な段階に来たことを思わせる。

六、旅館などで便所の鍵や、取手がない。後で考えてみると、金属製のものは供出したのである。地方人は正直であるから、後にほとんど何も残るまい。

七、鹿児島の商工経済会の理事の話——先頃、熊本に行ったが、二等車にドヤドヤと農夫が入ってきた。三等切符を持ってだ。そして二等の者を尻目にかけて「おれらは毎日白米を食っているんだ。野菜だって何だってある。見ろ町場の奴らを……」と。農夫の反逆である。

八、どこにも日本地図も九州地図もない。あるものはビルマやオランダ領の地図ばかりである。

九、鹿児島は西郷の崇拝者に満ちその写真で一杯だ。大久保は駄目だ。経済会の理事いわく、「今日は知識階級が多いから、大久保をほめてさしつかえありませんよ」と。以て察すべし。

　ヒトラーとスターリンを誇る国のごとく薩摩一色西郷に塗る

　英雄は郷土と容れずが正しくば大西郷は英雄ならず

十、鹿児島から指宿に行く。有馬純清氏のいるところなり。この辺は物資ことに豊か。

　鹿児島を南に十里海青くみめ整へる乙女子を見ず

　あれはマライ、これはインドネシアと女たちの顔の形を数えけるかな

いずこからの子孫ぞ薩摩隼人は色黒く言葉の調子、支那語に似たる

十一、宮崎での話――町の繁栄策として昔は師団あるいは軍事施設の引き移りを歓迎したが、近頃はそこに軍隊が来ると物資をゴッソリ持っていってしまうので、なるべく来てもらわないことを願っていると。

十二、佐世保あたりでは、人口の発表も「秘」になっている。いかに愚劣な隠ぺい主義なるかを知るべし。現今の指導者は発表というものが進歩を与えるという事実を知り得ず。

十三、「中央のやり方はあれでいいんですか」と宮崎では真面目に聞かれた。東條および政府は、地方の指導階級から見限られている。彼らから見れば中央があまりに神経質だというのである。

十四、松江が、その人柄と土地柄とにおいて、いい所であることを、今度も感じた。大社の駅では水筒に水を入れようとすると、私が入れてきてあげますと、自分で飛んでいって入れてくれた。かような所はない。

十五、新大阪ホテルに行くと、いかにも「戦時」だとはじめて知った。実に不親切だ。旅館ではよかったのは松江の「皆美館」、鹿児島の「岩崎谷荘」、熊本の「研屋支店」、下関の「山陽ホテル」、佐世保の「油屋」な

どである。失望したのは長崎の「上野屋」である。

十六、物資の偏在という封建的現象が、各方面に現れているのが目につく。

## 六月十六日（金）

朝のラジオによって、米軍機二十機が、この朝、北九州方面を襲撃したことを知った。同時にサイパン島に敵が上陸*を企図した旨も放送された。

## 六月十七日（土）

空襲が「北九州」というだけで、どこに来たか不明。ただし八幡の被害が少なかったことだけは、どうやら事実らしい。

この秘密主義では、イザというときに、種々のデマが飛ぶことは免れまい。

## 六月十八日（日）

今日、「警戒警報」が解けて、また午後九時頃、警戒警報発令す。マリアナ諸島のサイパンに敵の大部隊が上陸した。かなり有力な艦隊が来ているが、日本艦隊はこれを迎え撃たなかった。主力戦はいつ？

*サイパン島の戦い
1944年6月15日、米国軍がサイパン島に上陸。約7万人の米国軍に対し、約3万人の守備隊が激戦を繰り広げたが、制海空権を握る米国軍の猛爆撃の支援に圧倒され、7月7日に総攻撃を行い全滅。この戦いで、捕虜になれば辱めを受けると教育されていた女性、子供を含む民間人が島北部の断崖から身を投げた。

北九州の損害その他については全然発表されず。秘密主義例の如し。ただし死傷者は八百何十人を数え、敵機は山口その他各地を襲ったとのこと。

**六月二十日（火）**（三月十六日参照）

山本清君の話――新聞に「海軍機増産」のことを書いて陸軍に徴兵された某君（毎日新聞記者）は、山本君とは親友である。某君が右記事の刑罰のために徴兵されたことは疑う余地なし。彼は三ヶ月丸亀の連隊におったが、その終りの日に、連隊長が「これで君の事件は解決した」と言ったそうだ。海軍の努力で一日で出されたこと、直ちにまた徴兵されたことなど、かつての話の通りである。隊内では非常に優遇された。したがって陸軍にはむしろ好意をもって退営したとのことだ。しかし海軍がこの問題の故に、かなり重要人物まで往復したので非常に感激しているそうだ。同君は林毅陸*の甥に当るとのこと。

警報下にも雑炊食堂に行列が続く。雑炊とは、米を野菜と共に煮たもので、箸が真直ぐに立たないドロドロなもの。うまいはずなし。しかもこれを食べようとして行列するのだ。警察は例によって「自粛」しろと言い、その対策として食堂を閉めさせているようだ。警察は何故に「食わないでおれ」と言わない

＊林 毅陸（はやし・きろく） 法学博士。外交史研究の先駆者。1923年から33年まで慶應義塾長を務めた。退任後、法学部教授、帝国学士院会員、交詢社理事長等を歴任。

のか。

六月二十二日（木）

千葉皓君〔石橋湛山の女婿〕、総領事として二等兵で入営。早口のため「上等兵殿」という「ドノ」が明瞭でなかったので、だいぶいじめられたらしい。恐らく殴られたのであろう。総領事が無知の上等兵に殴打されるのだ。

僕が憲兵隊に検挙されたという流言は、すでに何十回も出ている。昨年は、嶋中君が電話をかけてきた。日本倶楽部あたりでも評判になったこともある。経済倶楽部中央会の会合で日本銀行副総裁の荒川氏が、「そう聞きましたが、そうではなかったのですか」と言っていた。事実は、僕はまだそういう意味では一回も呼ばれたことはない。石橋君いわく、「君や僕がやられないのは貧乏だからだよ」と。

肩書のないことが、ケガのない理由であるかも知れない。

六月二十三日（金）

野菜類の配給非常に悪く、一日、六人家族に対し八銭分であるとのこと。二日分の春菊をおひたしにしたら、僕だけでも不足であった。
近頃、誰も彼も非常に痩せる。外務省の小畑君と一ヶ月振りに会ったら、まるで痩せていた。隣りの小池氏と道で会うと見違えるように細っていた。誰も彼もそうである。栄養不足が重大な原因だ。周囲に呼吸器患者がだいぶ出てきた。

六月二十四日（土）
樺太、北海道を旅行したときもそうだったが、今度九州を旅行したときも、「日本は戦争でどうなる」「大東亜戦争で日本は勝つか」といった質問を発したものは一人もいなかった。第一には、そうしたことを考えるだけの前途観を持たないことがその理由だが、第二にはそんな質問をすれば大変なことになる可能性があるからだ。質問しただけでも拘引されるであろう。

六月二十五日（日）
隣りの天明郁夫君という四十三歳の人応召。農会にて調査部長、企画部長として極めて有力なる人である。ここにも、相手を選ばず徴集する方針を見る。

隣家だから朝送る。隣組の者何十名かが送る。まさしく恒例であって、精力の浪費の一例だ。八幡様で昨夜も壮行会をやった。

## 六月二十七日（火）

日本人は罵倒することが、問題が解決することだと考えている。大東亜戦争勃発までもそうだった。ウォレス*が重慶を訪問したのについても同じ口調だ。

## 六月二十八日（水）

サイパンに米兵が来たのは日本の当局には突然だったようだ。その証拠には小畑英良*司令官はパラオに行って不在だったという。文官なら責任問題だ。鶴見君もはじめてサイパンへの敵侵攻で「慄然として驚いた」と自ら言っている。彼は大東亜戦争楽観論者で、軽井沢で僕の悲観論に対し「将来に見ましょう」と別れたのだった。

日本もドイツも敵をずっと馬鹿にしてきた。今度はじめて、敵の強さを知ったようだ。

**ヘンリー・A・ウォレス**　ルーズベルト政権の副大統領。1944年6月20日、中国の危機的状況の調査を目的に、蔣介石との会談を行うために大統領の特使として重慶を極秘訪問した。

**小畑英良**（おばた・ひでよし）陸軍大将。米軍のグアム上陸作戦による激しい砲爆撃で戦力を消耗し、玉砕を覚悟した最後の総攻撃を下命。司令部壕内にて将兵とともに自決。2万人近い日本兵が命を落とした。

## 六月二十九日（木）

東條内閣が危機に瀕しているという。連合艦隊の豊田副武*は、海軍大臣が軍令部長を兼ねていてはやれないと言っている。また飛行機に対し材料割り当てが陸海軍で五ずつだという。それで横槍はまず海軍から入ってきた。その上、安藤紀三郎*内務大臣が内閣改造を宣言しているので、警察のほうも取り締まる方法がないという。

東條は依然ヒステリー的で、先頃も閣議で、食糧増産につき玄米より白米のほうがこぬかの利用その他でいいと内田信也*農相が言うと、「そんなことを今頃言っているんか！」と真赤になって怒鳴りつけた。内田も「駄目だよ」と言っているとか。しかし東條自らは辞めるつもりは全くないらしい。ただ情勢が、こうなってやっていけるかだ。

## 六月三十日（金）

人間をたくさん徴用するが、その連中が何をしているか、そのあたりに不平が堆積している。

**豊田副武**（とよだ・そえむ）　海軍大将。連合艦隊司令長官としてレイテ沖海戦を指揮するが大敗を喫し連合艦隊の主力を失った。戦争末期、最後の軍令部総長となり、ポツダム宣言の即時受諾に反対し徹底抗戦を訴えた。戦後、戦犯容疑で逮捕されたが、極東国際軍事裁判で不起訴。

**安藤紀三郎**（あんどう・きさぶろう）　陸軍中将。大政翼賛会副総裁。東條英機の腹心として東條内閣の内務相を務め、戦時下の国民統制を推し進めた。戦後は、A級戦犯として収監されるが釈放。

**内田信也**（うちだ・のぶや）　造船事業の株式配当で財を成し

奇襲査察

◇自分は一軍需会社の設計部門に勤めてゐるが、明《あきら》かに不急と思はれる設計や、そこまで行かぬ広告看板書きをやつてゐる。事務の者など、三日で簡単な伝票一枚書いたといふのもある。命令系統が不徹底でなすべき仕事を持たぬ人間の頭数のみ多き内情を知る人ぞ知る。

◇勤労者の買溜めを常とする会社幹部に人を使ふ熱意がなければ従業員も会社に対する誠意がなくなり、意気沈滞を幹部が叫んでも、その責任はどこにありや。仕事はともかく出勤のカードさへよければ成績優良といふのも一考を要す。

◇社内の建直しを願つても、素人重役ではそれもかなはずせめて査察によつて改善をと思つても、お膳立の揃つた表面査察では真の内情は判《わか》らず、最下層の声を聞く覆面査察或は奇襲査察をやつてもらひたいものである（憂国生）

◇食料は戦力増強の根源である……

（『毎日新聞』六月三十日付）

た後、政界に進出。宮城県知事を務め、東條内閣の農商相として入閣。

旭硝子の吉田四郎君夫妻来る。その話——

同工場の医師の話に近頃は脚気が非常に多いが、その患者が注射薬を受けつけないそうだ。ところが試みに玉子一個を与えたら直ちに効力があったという。

### 七月一日（土）

嶋中君が南胃腸病院に入院中である。見舞う。いよいよ『中央公論』を辞めるそうだ。言語に絶する圧迫があるとのこと。

### 七月二日（日）

大本営発表は小笠原群島南方での大海戦を伝える。それによると我が艦隊の損害は非常に大で、このままではもはや戦争継続は不可能な状況にある。ただ米国側が日本側の損害を知らないように見受けられるという。

東京空襲、すこぶる切迫したように考えられる。

誰に会っても僕が非常に痩せたことをいう。

## 七月四日（火）

空襲が来たならば、世は収拾できない混乱に陥るであろうことを僕は長い間言ってきた。掠奪はあるであろうし、強姦、強盗などはもとより可能である。食糧不足は当然であり、食糧を貯蔵するような家は供出強制か、そうでなければ公然と奪い去るであろう。そういう危惧もあって僕はカーペット、その他の衣類を軽井沢に送った。幸い島田という運送屋が便宜を与えてくれ、その一部を七月二日に発送した。無論極めて一部だが。

井出君の話では信州あたりでは、まだ勝利の信念はゆるがない。敵を近寄せておいて徹底的な打撃を与えると考えているそうだ。地方人の考えるところが、また東京の大衆層の考えるところだ。彼らは世界政局も、現代戦争も全く知らないのである。

三井君の話では、中等学校、小学校の三年以上はことごとく軍需工場に出て働かなくてはならない。学生動員だ。ただし一週間六時間だけ学習する。すなわち一日一時間だ。三井君のところ（啓明学院）は海軍の艦政本部と連絡して、学園を雲母工場にすることになり、学校で働くのである。労働と学問の一致は僕の多年の主張だ。しかしこれでは、日本から学問が消失する。いわんや大学生は全然学習の時間がないのである。

「国防国家」とやらの軍人の理想がここに実現したわけだ。それにしても彼らの言うことを唯々として聞く文相の岡部は、何という腰抜けな男だろう。もっとも彼はメートル法排斥一本槍で東條の目に止まった男。こんな男に文政のことなどわかるはずがない。――日本はこのままで行くと暗くなる。

## 七月八日（土）

北九州に今朝、再び敵機十数機が来た。被害は二、三の民家を半焼しただけとのこと。しかし一機をも撃墜しなかったらしい。ラジオで聞いていると、ほんとに被害はなかったように思われる。井出君の話では、地方では、米艦隊を、おびき寄せておいて、ガンと殲滅するのだと確信しているとのことである。中央で敵の力を、まるで軽視して報道しながら、興亡の大危機だと言っているその矛盾を、地方では前者だと考えているのである。

先頃、九州を旅行したとき、二等車のシーツがボロボロになっていた。日本は底力を全く出し尽くしたのである。

## 七月九日（日）

軽井沢で防空壕を掘れと言うので、庭先に掘った。パリでは普通人は逃げさえすればよかった。然るに、ここでは誰も彼も出ろという。防空具を玄関の正面に置かねばならない。しかも、それが買えればいいが、買えないものを備えろというのである。どうしたって闇で買わざるを得ない。それを二、三回使うと駄目になる。

横浜の家は高台で、水道が来ない。しかもポンプを買わなくてはならないという。

外国から帰ってきて、始終言われたことは、日本が世界一だということだ。何かちょっと言うと、「外国かぶれ」と攻撃する。「今にご覧なさい、わかるからといったことです」と言う。

こうした感想は、誰も彼も持っているところである。

日本人の自己陶酔が現在の事情をもたらしたのであって、やはりこの段階を経るべき必然性にあった。

明日は下山する。

この日記帳は軽井沢に置いて帰る。実は、いつこれを見られるかも知れない懸念があって、日記帳にすらも、遠慮とカムフラージュせねばならなかった。

最後に附記す。この日記の最初に「書いたことのない日記」と書いたが、それは没収でもされるときのことを懸念して書いたのである。この日記の前に一部あり。（昭和十九年七月九日夜　軽井沢山荘にて）

## 七月十日（月）

蠟山君と嶋中君の病床を訪ねた。丁度、情報局より言い渡しがあるところで、中央公論社を、いよいよ解散することになった旨を語る。

紙も割り当てその他は没収。改造社社長の山本實彦*も呼び出されて同様である。

東洋経済の佐藤編集局長は警視庁に呼び出されて「警告」を与えられた。

蠟山君の話では、栗原海軍報道部長が、翼賛会で、こういう話をした。「日本海軍はサイパンを奪われることは夢想だにしなかった。そのため現在、次の作戦の準備がない。今至急にそれを研究中である」と。代議士の中から、今までに反撃し得なかったものが、いかにして今に至って反撃し得るか。サイパンを取られることは生産基地を爆撃にさらされることではないかと質問が出た。


山本實彦（やまもと・さねひこ）改造社社長。総合雑誌「改造」を創刊。志賀直哉、林芙美子、火野葦平らの作家が執筆し、知識人に支持された。大正末期のベストセラーとなった賀川豊彦の「死線を越えて」の出版や、「現代日本文学全集」を刊行して昭和初期の円本ブームを起こした。戦後、公職追放。追放解除の翌年に病死。

また翼賛会は、政府不信任的な決議をなしたそうである。戦争の結果、民心ようやく動揺する。

## 七月十一日（火）

中央公論、改造の廃業*が発表された。

一、営業方針に不健全なところがあればそれを変更させればいいではないか、廃業とは如何。

二、現代、公論は右翼一本槍の雑誌だ。

蠟山君の言うところでは、『中央公論』と『改造』の背後に三十万の知識階級――政府のオポジション〔反対勢力〕がある。それがブラック・リストになっているが、それを取り除こうというのである。東條内閣の政策の一つである。

## 七月十二日（水）

『中央公論』と『改造』の廃刊に対し、『朝日新聞』の筆欄「神風賦」だけが、おっかな、びっくりでちょっと書いている。「この雑誌の過去の経歴からいって、今日存続を許されぬという論も立ち得る」といった調子だ。ただ最後に

**中央公論社と改造社の廃業**
中央公論社と改造社は、反軍国主義的な方針を貫こうとしたが、軍部の言論弾圧が厳しくなり、1944年7月に両社は情報局により自発的廃業に追い込まれた。

「自分たちだけが言論報国、愛国的文筆家の免許を持つものの如く振舞い、他を一切封ずる如きことは言論本来の趣旨に反する」と言っている。これは『中央公論』などの廃刊が、言論報国会などの執拗なる運動の結果と諷《ほのめか》したものでもあろう。

『中央公論』と『改造』、とにもかくにも日本の思想界をリードしてきた雑誌は、葬送《そうそう》の辞もなくして逝った。

サイパンは北端のマッピ山付近で「白刃をふるって凄絶なる肉薄攻撃を敢行」中なる旨発表。まだサイパンが敵の手に落ちたことを発表していない。

## 七月十三日（木）

実兄、笠原政一氏疎開し、明後日豊科へ帰るとのこと。清明と共に笠原家を訪ねる。東京に出て十二年。とにかく不義理をせずに帰郷。めでたし。

鉄道線路に沿った家屋は全部取り払う。それでも都市計画を起こすつもりはないらしい。

食用油の配給あるとのこと。一合二十三銭。これを闇相場で買えば七円になるそうだ。すなわち実価は公定相場の三十倍になったのである。これでは物資は出回らない。兄の話では、埼玉県で米が一升十五円、一千円で三俵だとのことだ。またキュウリが一貫目四円とかである。田舎の百姓で一万円ぐらい持っていない者はないほど、東京近県の百姓は儲かるとのことだ。

### 七月十四日（金）

隣組にウィスキーと葡萄酒《ぶどうしゅ》が配給される。それを公平に分配したので、我が家でも少しもらう。不二屋主人の話では、アスパラガスをもらった職工が、味噌汁の中に入れたら、とけてしまったし、そのまま食っても味がない。「あんな高いつまらないものはない」と言った。

### 七月十五日（土）

『中央公論』と『改造』を虐めて廃刊せしめたのはやはり軍部であった。情報局の第一部は海軍、第二部は陸軍で、第三部が外務省である。このうち中央公論事件を主となってやったのは、第二部である。ここから命令が出るので、神奈川警察部などが、無茶に強いのである。軍部少壮派と、官僚末輩とが天下を左右している一例。

## 七月十七日（月）

どの新聞も国民総決起せよといった意味の記事を特別囲いで出している。これは社論ではなく、またもとよりニュースではない。（軍部の）情報局あたりで書いて、それを強制的に新聞に出させるのだろう。これがまるで知識がないことを暴露している。たとえば『読売報知』の「国内戦場総突破の秋《とき》――奔騰す一億の戦意――鉄桶《てっとう》防衛と徹底持久の確立へ」――という記事の中で「政治経済も内線の利」というのがある。政治経済も内線の利とはどういうことなのだ？

いよいよ嶋田繁太郎*海軍大臣辞職し、野村直邦*大将就任す。陸軍と海軍の対立感情は、かつて史上にその類を見ないほど深刻だ。軍需工場などでも、その物資の奪い合いで、係員は全く困っているとのことである。海軍のほうが、だいたいに文化的であるのはもちろんだが、しかしこれとて、たとえば島に先に上陸すると、いいところは全部占拠してしまうといったことは珍しくないということ。陸軍は憲兵*制度を有しているから、海軍に同情あるものに対しては圧迫を加え、嫌がらせをするのが常である。海軍同情者を検挙することも稀でないという。しかもこの陸海軍の悪感情は、天下公知の事実なるにもかかわらず、新

**嶋田繁太郎**（しまだ・しげたろう）
海軍大将。東條内閣の海軍相として開戦を主張。サイパン陥落後に海軍相を辞任。戦後、A級戦犯として終身刑となるが、後に釈放。

**野村直邦**（のむら・なおくに）
海軍大将。日独伊三国同盟の軍事委員としてベルリンに赴任。駐在後、ヒトラーが日本海軍に贈ったUボートで帰国。東條内閣の海軍相に就任するも、翌日に内閣総辞職。

**憲兵**
軍事警察をつかさどる陸軍の兵科。陸軍大臣の管轄に属した。戦時中、権限が次第に拡大し、治安維持、防諜を主要任務とするようになった。

聞も雑誌も一言もこれに触れない。また触れたら大変だ。

## 七月十八日（火）

今日、サイパンを敵に略取された旨の発表、大本営よりあり。陸海軍部隊は全滅、在留邦人も軍隊と運命を共にしたという。「玉砕」という文字は使わなかった。東條首相の談に、陛下に対し奉り恐懼《きょうく》に堪えずという言句あり。東條がこうした言句を使ったのははじめてのことである。今まではアッツ島のときでさえ、「戦史に稀なる絶妙の転進」といった意味のことを言ったのである。

太平洋諸島に何十万、支那に百万近くの軍隊がいる。この人々の運命こそ気づかわれる。支那における我が軍は、もはや後方を断たれて、帰国することもできない。また、その上に武器弾薬も尽きる日が来るだろう。僕は大東亜戦争勃発のとき、すでに重大関心を在支軍隊に有したのであった。

## 七月十九日（水）

サイパンの全日本人が玉砕したのは、今後の問題を提供する。そうした死に方は犬死にならないのか。日本のためであるのか——無論、現在の軍指導の下にあって、それ以外の道に出るのは困難だが、最後は死ぬために戦ったようなものだ。

**七月二十日（木）**（十八日午前十一時半に辞表奉呈、本朝発表）

東條内閣が総辞職。この日本を不幸に陥らせた責任内閣は、かくて内輪割れの結果崩壊した。笠原清明の話では、投書などもたくさんあり、刑事すらも、腹でも切れば許されるだろうが、オメオメ生きていれば殺されるかも知れないと言ったと。

サイパン――東條内閣崩壊――当局者に対する反感――一緒になって騒いでおきながら、戦争が不利となれば国民は必ず不平を言おう。ここに大東亜戦争は一転機を画す。七月二十日は記憶すべき日になろう。

**七月二十一日（金）**

十八日の辞表提出を二十一日の新聞がはじめて報道している。東條については『読売報知』が好意的に書いているだけで他は黙している。

## 七月二十二日（土）

一般民衆には東條の評判がいいとのこと。例の街に出て水戸黄門式のことをやるのがいいのだろう。陸軍大臣は杉山元*が教育総監と兼任らしい。

## 七月二十六日（水）

朝、大倉組へ日本外交史研究所のことを頼みに行く。それから満鉄に行ったが、返事面白からず。社長の小日山直登*に手紙をやったが、返事なし。

晩のラジオが敵はグアム島およびテニアン島に上陸したことを発表。

高瀬大佐は、サイパン島の日本兵四万、在留邦人二万五千――ほとんど裏切り者はなかったと言ったそうだ。そのうちのある者は助かったにしても、五万以上の戦死は確実なようだ。

ヒトラーは健在だという。しかし、ゲッベルス*を全面的戦争動員総監に任命した緊急令には「ヒットラー総統は国防協議議長のゲーリング*国家元帥の指示に基き……」とある。ドイツでは従来ヒトラーが絶対無二の存在だった。彼が「指示」されることは全くはじめてだ。何か内情がある。前後の事情から、革命はよほど進んでいるらしい。陰謀の主が軍部の大立て者ベック*元帥であると

**杉山 元**（すぎやま・げん）
元帥陸軍大将。参謀総長、教育総監、陸相の要職を歴任。太平洋戦争開戦の立案・指導にあたる。鈴木貫太郎内閣では本土決戦に備えて設立された第一総軍司令官。敗戦後、司令部にて拳銃自決。

**小日山直登**（こびやま・なおと）
南満洲鉄道総裁。鈴木貫太郎内閣の運輸通信相として、ポツダム宣言受諾の意思を示した。戦後、公職追放。

**ヨーゼフ・ゲッベルス**
ナチス政権の宣伝相として言論弾圧・文化統制を指導し、国民を戦争に動員した。ベルリン陥落の際にヒトラーの後を追って自殺。

いうし、「他の命令に服するな」という布告もしている。ナチスの命運がいよいよ尽きるときがきた。

## 七月二十八日（金）

経済倶楽部主事の岸野君の話。昨夜、甥の海軍軍人が訪ねてきた。運送船がサイパン近くで魚形水雷にやられ、海を泳いでいること十一時間。救われてサイパンに赴き、療養の後、飛行機で数日前に帰ってきた。その話によると軍隊が約六万。それにその地方の島から集まった市民たちが四万。十万人ぐらいいただろうと言う。だから全部で六万人というのは、少し少なすぎるとの話。

今回の戦争で生命を喪った者の数は意外に多いらしい。まだその損害数を一回も発表していない。ただ米国側の発表を嘲笑しているだけだ。おそらく最後まで戦争の真実を知らせないであろう。

## 七月二十九日（土）

サイパンその他の島にいる日本人に、玉砕を強《し》いないで、せめて一般人にそこに居残ることを命じたらどうだろう。そうすれば将来、そこの経済的基礎が

**ヘルマン・ゲーリング** 国家元帥。ナチス政権の航空相・空軍総司令官等を歴任し、ヒトラーの後継者に指名されたが、意見の対立により更迭。自ら米軍の捕虜となる。戦後、ニュルンベルク国際軍事裁判で絞首刑を宣告されたが、処刑直前に服毒自殺した。

**ルートヴィヒ・ベック** 上級大将。陸軍参謀総長等を歴任。ナチス体制下でヒトラーに抵抗した中心人物。ヒトラー暗殺未遂事件を起こすが、失敗して逮捕され、自殺した。

できるのである。今のように全滅では、米国側には、おあつらえ向きである。何にも残らず、彼らの自由になるからだ。しかしこうしたことは絶対に論議できないのだ。

世の中に思想ほど恐くないものはない。それはその人の納得なしには入ってこないから。これに反し暴力ほど恐いものはない。それは全く自分ではどうにもならないから。

甥の定雄、子供が三人いるのに海軍に徴兵された。三十五、六歳。一つ星もつかぬ雑役的なものらしい。こうしてあらゆる国内の労力をさらい取ってしまうのである。挨拶に来た。

## 八月五日（土）

首相、参謀総長、陸相を一人で兼ねて、ならざるなき権勢を有していた東條が苦もなく倒れた。その東條は小磯国昭*が伊勢参宮をなした同じ日に、赤松貞雄*大佐その他多数の家の一族郎党を引きつれて、同じく伊勢参宮をしている。傍若無人だ。この独裁者が倒れたのは、日本はやはり皇室が中心だからだ。この制度により願わくは、過激なる革命手段によることなくして戦争始末をなさ

**小磯国昭**（こいそ・くにあき）　陸軍大将。拓務相、朝鮮総督を歴任。東條内閣辞任の後を受けて首相に就任するが、沖縄戦のさなかに総辞職。戦後、極東国際軍事裁判でA級戦犯として終身禁固刑になり、服役中に病死。

**赤松貞雄**（あかまつ・さだお）　陸軍大佐。東條内閣の首相秘書官。

んことを。

八月六日（日）

日本兵の頭蓋骨を米国の少女が机の上に置いている——そのことを高田市太郎君が、米国の鬼畜として放送した。

近頃、盛んに対米敵愾心を煽っている。新聞は盛んにそうした話を書くのである。敵愾心が、思う通りに出ないのか、それともまた内部への注意を、外に向けさせようとするのか。

八月七日（月）

頭山満に対する非難、その方面の陣営から聞く。いわく巨額の金を東條が与えていたとか、いわくその長男秀三は特殊技能者ということで徴兵を逃れているとかいうのである。頭山自身も憂国者顔などできた義理でなく、軍部もおべんちゃらを言っているというのである。ゴロつき万歳の世だ。笹川良一*とかいう国粋同盟の親分は何千万円の財産家だという。右翼で金の唸らぬ男なし。これだから戦争はやめられない！

笹川良一（ささかわ・りょういち）
右翼団体の国粋大衆党を結成し総裁として活動。1942年の翼賛選挙で衆議院議員に当選。戦後、A級戦犯として巣鴨プリズンに収監された。

八月十一日(金)

朝にラジオは、米軍機が、分散して西九州、北九州、山陰方面を襲ったことを伝える。三回目の襲撃だ。お昼のラジオにも内容として、「満々たる自信を以て、我が制空部隊は必勝の……」といった形容を放送しただけで、何にも知らせない。

午後旧軽井沢に赴く。途中、大島博光君という露子さんの友人の詩人に会う。先頃、帰りの汽車で老海軍大佐と同席したが、米国軍は結局毒ガスをまいて、日本人全部を抹殺してしまうだろうと真面目に話していたそうである。そして同君は非常にデスペアー〔絶望〕していた。

そうしたのが現在の宣伝方針である。

鬼畜なりとの恐怖心を植えつける宣伝方策だ。実際、一般人は、(知識階級も)日本人は抹殺されると信じている。

八月十二日(土)

午後、坂本直道君*と共に鳩山一郎氏を訪問した。一回しか会ったことがないので、忘れていたが、名乗るとすぐ思い出した。午後二時半ぐらいから午後八

坂本直道(さかもと・なおみち)満鉄参与。パリの満鉄欧州事務所長を務める。坂本龍馬の甥の一人である坂本直寛の長男。

時頃まで、種々の話を聞く。ことに東條首相辞職から、小磯首相就任までの事情が面白かった。僕は、重臣会議が多数決制度になると何人も責任を負わなくなる。これは内大臣が、あくまで責任を負う組織としなければ駄目だと言った。
　鳩山は人懐っこく、開放的で好感が持てる。知的でもある。この人の舞台が来るであろう。大胆で、度胸もある。右翼に対し「戦争は勝てると思わん」と平気で言っているらしい。人徳がある。彼には、とにかく良心的な人々——たとえば芦田均、*植原悦二郎*その他——がついている。場合によれば百人ぐらいは集まるだろうと言う人もいると自ら言っている。

## 八月十四日（月）

　配給はますます悪く、軽井沢から持参した大根一本ずつを皆が喜ぶ。石橋湛山氏の話では一ヶ月の副食物の配給は一日平均野菜二銭二厘、魚その他二銭、合計四銭二厘であると。また誰かの話では一ヶ月四人家族の配給金額は四十二円なにがしである。高橋亀吉君の話では、人間の必要カロリー二千三百のうち、現在配給されているのは一千四百カロリーすなわち六割ぐらいであるという。各人の目方の減少は近頃特に甚だしいそうだ。

芦田 均（あしだ・ひとし）
外交官を経て衆議院議員（立憲政友会）。戦前・戦中を通してリベラルな政治姿勢を貫く。戦後は、自由党の結成に関与した後、離党して民主党を結党し、第47代内閣総理大臣を務めた。

植原悦二郎（うえはら・えつじろう）
明治大学、立教大学教授等を経て、政界に転じる。外務事務次官、衆議院副議長等を歴任。リベラリストとして大政翼賛会に批判的な立場をとり、翼賛選挙で落選。

八月十九日（土）

『朝日新聞』にサイパン最後に関し『タイム』の記事が打電されてきている。少年も死に、黒髪の婦人も死ぬ。「この自殺は何のためか、『米国人は野獣だ。誰も彼も殺戮する』ということを信じたためであろうか」と反問している。

サイパンの十万に近い軍人と非戦闘員は、こうして死んでいったのである。それは封建的イデオロギーの犠牲である。軍人指導者に「必随する」行為である。ああ。

記者はサイパン島の北端マッピ山と呼ばれる場所に出かけた、そこには長い平野があり、日本軍の第二の飛行場があつた、平野の端にはぎざぎざの珊瑚礁の上に二百フィートの断崖があり、珊瑚礁は巨浪逆巻く大海へとつづいてゐた、夜明けとともに記者は飛行場を横切つて断崖の端まで行つた、そこでは埋葬隊の九名の海兵隊員がロープを身につけ、前日戦死した二名の海兵隊員の屍体引上作業をやつてゐた、記者は彼らの一人に記者が耳にした話について尋ねて見た。

「君自身が自分の眼で見なければ僕の話を到底本当だとは信ぜられないぜ」

と彼は冒頭に念を押してから口を切つた。
「一昨日から昨日にかけて男、女、子供の日本の非戦闘員数百名がこの崖の上にゐたが、それが皆一様に崖から飛び降りるか、崖を降るかして海に入つてしまつた、私は或る父親が三人の子供を腕に抱きながら身を投ずるのを見た」といつて言葉を切つて指さした、「御覧なさい、今あすこに海に飛び込まうとしてゐる男がゐる」下の方には十五歳にも満たぬと見える日本人の若者が岩を越えて海の方へ歩いてゐた、彼は遙彼方を拝す如き姿勢をとつたとみるややがて水中に横たはりすこしたつて見えなくなつてしまつた、なほ見下ろすと記者は自殺した他の七名の屍体を認めた、五歳位の子供であろう、白シャツを着て固くなつて流されてゐるものもある、記者は現場を去らうとした。

少年を抱き勇士の死

するとまた海兵が「こんなのは何でもないですよ、西側へ半マイル下つたところにはこんなのが数百人もゐますよ」と教へた、記者は後に西側に出動してゐた掃海艇の士官と会ってこのことを確めた、士官は答へて自分は白いブラウスにカーキ色のズボンをはき黒髪を水に漂はせた一人の女に打つかつたが、白いブラウスを見かける度にあの女のことを想ひ出してはならない、また四、五歳位の少年が武装した日本兵の首にしつかり腕を巻きつけて死んでゐるいぢらしいのもあつた

と彼の見てきたところを教へてくれた。これらを一見すれば日本兵は降伏を拒否するためには如何なる手段をも辞せないが、日本の非戦闘員たちもまた絶対に降伏を欲しなかつたことがわかる。

（『朝日新聞』八月十九日付）

アッツと同じだ。こうした無意味な凄惨な最後をして、願わくは大東亜戦争を以て最後ならしめよ。

八月二十日（日）

どの新聞も『タイム』のサイパン最後の記事の翻訳あり。凄愴《せいそう》である。三歳の子供が死んだとか、女が自殺したとか書いてあるところを、打電者（編集局内か）が形容詞たっぷりで悲憤している。日本人には、記事をそのまま書き、

読むことはできないのである。各紙とも、女の自殺を取り上げ、『読売報知』は「日本婦人の誇りよ、昭和の大葉子《おおばこ》」斎藤瀏、*「百、千倍の勇気湧く、光芒燦《さん》たり、史上に絶無」平泉澄。*『朝日新聞』は「偉大な民族の血潮、時到れば光発す、戦時彩《いろど》る女性の殉死」高柳光寿、*「かくてこそ強し、日本の真姿」岩田豊雄、*というように、新聞の半分を割いている。封建主義——浪花節の影響——飛行機時代に、ハラキリの絶讃。

## 八月二十五日（金）

新聞で、すでに小磯内閣がスローモーであるというようなことを攻撃している。軍部および憲兵隊が、小磯内閣攻撃を奨励しているらしく、今朝の『朝日新聞』にも「統制弱化を戒む」といった論文あり。『東京新聞』にもスローモーに関する攻撃がある。『東洋経済』が、東條内閣をほめなかったことに対し前者は削除、後者は厳重注意を食ったそうだ。「新日本同盟」という高広君（英二君の友人）の団体に憲兵隊が来て、少し現内閣の批評演説会をやったらどうかと水を向けたとのこと。東條一派が軍部を抑えて、そこから憲兵を使っていることが明らかだ。これを、また新聞が、便乗しているのである。この国

**斎藤　瀏**（さいとう・りゅう）陸軍少将。歌人。二・二六事件で反乱軍を援助して入獄。退役後、短歌を学ぶ。

**平泉　澄**（ひらいずみ・きよし）東京帝国大学教授。皇国史観の歴史家として国体護持のための歴史を説き、青年将校らに影響を与えた。

**高柳光寿**（たかやなぎ・みつとし）東京帝国大学史料編纂官、国学院大学教授。戦後、日本歴史学会を創設し、初代会長に就任。

**岩田豊雄**（いわた・とよお）小説家、演出家。筆名は獅子文六（しし・ぶんろく）。真珠湾攻撃の九軍神の一人、横山正治

民に対しては弾圧以外に方法はないのか！
軍部はまだ、最後に神風が吹き、戦争が大勝利を以て終ることを信じているそうだ。

**八月三十日（水）**

いよいよパリ陥落。* 実は敵側の放送では二十五日に無条件に明け渡したということである。（二十九日とドイツ側発表）

**九月一日（金）**

大震災記念日。鶴見に詣《もう》でる。墓場の鉄柵は全部取り去られる。総持寺《そうじじ》の銅像もなし。いずれも徴用されたのである。橋には袂《たもと》なく、窓には金具なし。大東亜戦争は、根こそぎに鉄類を日本から奪ってしまった。

**九月四日（月）**

先頃、誰かの話に大島浩*ドイツ大使からの報告が、一報ごとに悲観的で、警戒を要望してきているという。この男が今頃、なんだと言いたくなる。この先

少佐をモデルにした小説「海軍」で朝日文化賞を受賞。

**パリ解放**　1944年8月25日、連合軍が蜂起したレジスタンスを援護しながら首都パリを奪還。4年にわたるドイツの占領から解放された。

**大島 浩**（おおしま・ひろし）陸軍中将。戦前・戦中の駐ドイツ特命全権大使を務め、日独伊三国同盟締結を強力に推し進めた。戦後、極東国際軍事裁判でA級戦犯として終身刑の判決を受け、巣鴨プリズンに服役した。

生の報告や活動が国家を誤らせた一因だ。

**九月七日（木）**

坂本君が東京に行くと、数人の知人が集まった。その中に海軍大将がいたが、「こうなれば国民玉砕の他はない」と言った。坂本君は日本民族の前途をどうするかと反駁したというが、玉砕主義は、今のところ現在の指導階級のイデオロギーだ。

内閣の首班が軍人、朝鮮総督が軍人、台湾総督が軍人、東京市長が軍人、そして実際の指導勢力が軍人——彼らは実力を以てそこにいるのではない。肩書を以てそこにいるのだ。しかもその肩書は「無知」の標章ではないか。この組織が変わらなければ、日本は断じてよくならない。

**九月十二日（火）**

いろいろ計画することが、「戦争に勝つ」という前提の下に進められている。しかも、そうした指導者階級は「勝てない」ことを誰もが知っているのである。形式主義、精神主義の弊害が、ここにもあらわれている。

石炭などはあるが、輸送が駄目だ。

今、海上で沈められる数は、造船能力の二倍であるということだ。天津と山海関の間で、始終、汽車が転覆させられるという。

## 九月十七日（日）

サイパンが陥落する前、閣議で青木大東亜相が、「普通シビリアンは死なないで（玉砕せずに）、生命を全うすべきである。この旨、司令官に政府から訓電するように」と強硬に主張した。東條も死なせたって仕方がないということで、打電することになった。ところが、さて打電するとなると、いかなる言葉を以てすべきかが問題になった。説明すればわかるが、あまり説明できない。誤解される恐れがある。そこで結局、司令官の常識に任せることになった。軍人の常識に任せれば、結局ああいうことになろう。

## 九月二十一日（木）

かつても書いたが、日本の重要職業、会社、官吏は全部軍人が占領。首相、海相、東京市長、翼賛会、翼壮団長、すべて然り。

今回の戦争で儲けた者は右翼団で、彼らは支那、内地、どこでも鉱山その他の権利を得て、大金を儲けているそうだ。

ビルマ方面でまた全滅隊が出る。誰が責任を負わねばならないか。しかも新聞をして盛んに「作戦の絶妙」とか「神妙の作戦」とか毎日書かせている。祖国の守りが危ういときにビルマには何のために行っているのか。しかも作戦の妙を常に絶讃するのだ。国民の無知にも責任あり。

## 九月二十三日（土）

高知から帰ったある人の話だというのを聞くに、高知で今、海岸に土壕みたいなものを掘り、それに労力を強制している。今までは日本が絶対的に勝つとのみ思っていたのが、壕を掘るので、「日本は危ないのかな」と考え出して、騒いでいるとのことである。

竹槍で訓練しているのは笑い事ではなく、どこもそうである。この程度の知識ならば、ほんとうに近代戦争の恐ろしいことを知らせることが結局利益になるのかも知れん。

## 九月二十四日（日）

朝、斎藤淑子さんが来る。女子大を明日卒業するのだが、その寮では、お米は充分だが青い副食物は何にもない。米だけ食っているのだそうだ。ただ当番が、墓地に行って野草をとってくる。それを汁に入れて食うだけだという。動員で工場に行くが、学生の中に非常に肺浸潤が多いとのことである。これは無理がない。栄養不足なのである。

家の英子も日本鋼管という工場に行っているが、お昼には、ご飯と、汁の中に二、三切れ野菜を入れたものだけだそうだ。漬物などは普通の家では、ほとんど食えないとのこと。

## 九月三十日（土）

昼間はワシントン会議の続稿を書き、晩は笠原義和が横須賀の海軍に入営するので送別夕飯会を催す。彼は五人の父親で、三十四歳である。友人たちの話によると、新兵は棍棒《こんぼう》その他でひどく殴られ、そのために片輪になる者もいるとのことである。一人が、何か言い間違えでもすると、全隊が打たれたり、叩かれたりするのである。かくの如く野蛮なる場所が、世界の何処にあるだろうか。

グアム島およびテニアン島の部隊は九月二十七日までに全員壮烈なる戦死を遂げたる旨、本日大本営より発表された。小畑英良中将も戦死。テニアン在住の一万五千、グアム五百の同胞も全員玉砕した。

**グアム島の戦い**
開戦当初から日本軍が占領していたグアム島に、1944年7月21日に米国軍が上陸。日本の守備隊と激しい戦闘が繰り広げられた。この戦闘で、約2万人の日本将兵が戦死した。

**テニアン島の戦い**
1944年7月24日、米軍が上陸。日本の守備隊と約10日間にわたり戦闘し、日本軍の玉砕により終結。その後、B29の基地として整備され、日本本土への爆撃を始めた。

# 第3章

# 昭和十九年十月～昭和二十年五月

## 現実とかけはなれた銃後の国民意識

目の前で家が焼かれても、なお政府の言うことを信じ、最後は日本が勝つと信じる国民。それは本心なのか、信じたいことを信じるという現実逃避の願望なのか。結局、国民の怒りは最後まで国や軍へは向かわなかった。

（解説）

# 80年間進んでいない国民の意識

『暗黒日記』を読んでいて暗澹たる気持ちになるのは、我々自身が80年前とほとんど変わっていないということに気づかされるからだ。

国の指導層が変わっておらず、メディアが変わっておらず、社会が変わっていないのは、我々日本国民の意識が、まったくといってよいほど80年間停まったままであるから当然だ。清沢洌が日記の中で繰り返している、当時の日本人の言動に対する指摘や批判は、あたかも我々に向けられているようにさえ感じられる。

生活文化の水準は80年前からいろいろな面で進歩向上し、価値観も当時とはかなり変化し、情報量もアクセスするチャンネル数も格段に増えている。

それでも我々の身体に流れる動物の血は80年前と変わらない。清沢の言葉に倣えば、「フェータル（運命的）な業」をいまなお背負っているのだ。

動物の血に宿るのは獣性ばかりではない。好戦的で野蛮なだけでなく、他にも怠惰、貪欲、狂気、増長、現実逃避、無知、忘却、隷属などさまざまな悪徳が潜んでいる。

動物の血は進歩を拒む。自分の狭い世界が世界のすべてと思い込んでしまう。

昭和十九年七月九日（日）

外国から帰ってきて、始終言われたことは、日本が世界一だということだ。何かちょっと言うと、「外国かぶれ」と攻撃する。「今にご覧なさい、わかるからといったことです」と言う。

こうした感想は、誰も彼も持っているところである。

日本人の自己陶酔が現在の事情をもたらしたのであって、やはりこの段階を経るべき必然性にあった。（179ページ）

当時の日本人の多くは欧米のことを知らない。一般国民が海外に旅行する機会は、ほとんどなかったし、来日する欧米人の数も少なかった。地方に行くほど、その傾向は強かった。世界と比較することがなければ、いくらでも自分たちが世界一と思い込んでいられる。それが、井の中の蛙というだけに過ぎないのであれば、それほど害はない。改めて世界を知ればよいだけのことだ。

しかし当時の日本人には、日清戦争に勝ち、日露戦争にも勝って、世界の一等国に躍り出たという驕《おご》りがあった。現実の世界を見て、彼我の差を知っても、なお自分たちが世界一という夢想（清沢の言葉を使えば自己陶酔）から抜け出せなかった。「自分たちが世界一」という共同幻想に、集団で酔っていたのである。

現代に目を移しても、近年になって再び日本賛美の風潮が目立つ。自国が世界一よい国と思うことはよい。私もそう思いたい。だが、肝心なことは、自国が世界一よいと思っているのは我々だけでなく、世界各国の人々も、また我々と同じように自国第一と思っているということだ。

我々が、日本は世界一よい国と思っているように、中国人は中国が世界一よい国と思っているし、韓国人もそう思っている。北朝鮮の人々も、貧しいながらも自分たちの国はよい国と思っていることだろう。

よい国を決める条件は国の数だけあるということだ。よい国の条件が「私の国だから」であったとしても何ら不合理ではない。自分の愛国心を大事にするなら、他国の人の愛国心も尊重しなければならないはずだ。

世界の人々が同じ人類である以上、たしかに世界共通の原理原則はある。

しかし、「自分たちがよいと思うことがすべて、世界各国の人々にとってもよい」（暗黒日記）と、自分たちの価値観だけで世界を見ていては、国際社会では受け入れられないのは当たり前だ。

圧倒的なパワーを持つ米国人でさえ受け入れられないだろう。まして日本がそんな考えでいたのでは、国際社会で活躍しようなど到底できない相談だ。

## 特攻攻撃は世界も尊敬するはず

『暗黒日記』には、欧米の捕虜について興味深いことが書かれている。「欧米人捕虜を管理していた陸軍大佐は、捕虜がよく働くこと、彼らの工作技術が日本人の職工よりも優っていること、コスト意識の高さ」にも感心している。物量のみならず、品質においても、生産管理においても日本は欧米の水準に達してはいなかったのかもしれないということがうかがえる話だ。

しかし陸軍大佐は、捕虜たちが捕虜であることを少しも恥としておらず、国のためなら一生捕虜でいてもよいと話すことに驚く。

陸軍大佐がなぜ驚いたのかは、日本軍には「生きて虜囚《りょしゅう》の辱《はずかし》めを受けず」という「戦陣訓」に見られるような強い戒めがあったからだと、現在の我々には納得できる。

また陸軍大佐は、「捕虜が玉砕に対して尊敬の念を持たない」ことについても、気に入らないし不思議な連中だと思っていたに違いない。

昭和十八年十月六日（水）

小田島大佐は、捕虜に、かなりな敬意を表しているようだ。しかし彼らの考え方は全然了解し得ない。日本人が感動すること――たとえばアッツ島の全滅というような高貴なことが、彼らにわからないことを、天下の不思議と考えている。他国人の感情、考え方に対し、一歩引いて客観的に見ることはとうてい不可能である。したがってこの人たちには、客観的に物を見ることができない。話を聞いてそんな感じを持った。（93ページ）

昭和十九年十一月四日（土）

神風特攻隊が、当局その他から大いに奨励されている。燃料を片道分しか持って行かないらしい。つまり、人生二十何年を「体当り」するために生きてきたわけだ。人命の粗末な使用ぶりも極まれり。しかも、こうして死んでいくのは立派な青年だけなのだ。

これを外国人が感心していると、九割五分までの日本人は考えているのである。（232ページ）

「自分たちがよいと思うことは世界もよいと思っているはず」という、自分勝手で誤った見通しは当然ながら外交政策にもあらわれていた。

昭和十八年五月二十日（木）

田中耕太郎博士の支那から帰っての話に、支那人は治外法権撤廃の何のということよりも、現実に食を得たいと希望していると。昨年、上海あたりでは千三、四百人が餓死しているとのことだ。これは橘氏の話。（54ページ）

昭和十八年七月二日（金）

上海共同租界を支那に返す。（中略）形式的なことに重要性を置く現代日本の思潮がここにもあらわれている。すなわち形式問題を片づければ（治外法権その他の返還）、それで支那人は喜ぶだろうと思うことだ。彼らの欲するものはパンだ。法律ではない。（65ページ）

汪兆銘の南京政府が蔣介石の重慶政府に宣戦布告した。日本の租界返還は、「汪兆銘に日本とともに戦ってもらうための見返り」である。もうひとつ、抗日的な中国人の歓心を買うという目論見もあったろう。

日本政府は、「中国の抵抗は米英が背後で暗躍しているからであり、米英の陰謀だと決めつけていた」から、ここでひとつ中国に貸しをつくっておけば、中国の人心は容易に日本の味方へと傾くだろう。そういう身勝手な下心が透けて見えると清沢は指摘する。

昭和十八年七月七日（水）

支那事変六周年である。朝のラジオは「支那を操るのは米英である。蔣介石のみが取り残され、支那民衆は日本と共にある」といったことを放送した。この考え方は支那事変六周年を経て、まだ日本国民の頭を去らないのである。

米英を撃破したら、支那民衆は直ちに親日的になるのか。支那人には「自己」というものは全然ないのか。（67ページ）

当時の中国人が望んでいたのは、「国家発展の中核要素である権利ではなく、発展初期段階での必需品（パン）」であった。「パンはペンよりも強し」は、どの国においても、どの民族においても、この時期に共通する原理原則だ。

「欲しがりません勝つまでは」というスローガンひとつで、自国民の生活さえ軽視する感覚では、到底中国国民の支持を得ることはできない。

「中国政府は米英の思惑で動いており、中国国民は本来親日である」という認識も、現代の我々から見れば、そう言っている者が本気でそう考えていたかどうかと疑わざるを得ない。恐らく当時であっても日本国内でしか通用しない見方だったであろうが、自国民を軽視していた政府は、中国人をさらに軽視していたのではないだろうか。

## 若者の悲愴な覚悟と銃後の楽観論

大戦末期、国民の意識は二極化する。「若者は玉砕を覚悟し、銃後の国民は日本の勝利を疑わず、戦局を楽観」していた。

昭和十九年十一月十八日（土）
世田谷区役所で講演。東京都からの依頼だ。
都の役人の話では、やはり戦争の前途に楽観的だ。軍人たちが「大丈夫だ」と言っているのを、そのまま信じているのだ。国民の九十％までは戦争に勝つと考えている。（236ページ）

これが多くの国民の意識であったのだろうか。都の役人だから、公然と戦争への疑問を口にすることはできなかったのだろう。しかし内心に疑念を抱いていれば、清沢が「楽観的」と感じるほどではなかったのではないだろうか。

清沢の感想が正しければ、「都の役人は国が大丈夫と言っているのだから、負けるとか、ひょっとしたらと考えるなど国賊だ」とさえ思っていたに違いない。

東京大空襲の前だったとはいえ、米軍機の襲来はすでに頻繁となっていた。戦局の危ういことは、戦地から戻った兵隊からも散発的に聞いているはずだ。しかし、なお危機意識が薄いとすれば、その鈍感さは不治の病にかかっていた状態だったというほかない。

一方、学生たちはすでに死を覚悟していた。

昭和十九年十二月二十四日（日）
彼らは「俺らが死ななければ、国家がつぶれるんだ」と、進んで平気で死に赴いている。黒木君の二男坊も、後方勤務なんかつまらんと飛行士方面に志願しようとしているそうだし、また彼の友人も来て、そういう話をしているそうだ。この間、研究所の伊藤君が、学生を引率して動員に行ったが、「学生は空襲が来ても平気ですよ」と言っていた。青年の意気想うべし。（２４４ページ）

都の役人と比べるとあまりにも違いが鮮明である。私はこの若者たちの記述を読んだとき、先年に書いた『戦争の大問題』（東洋経済新報社）で直接お会いした元海軍特攻兵の岩井忠正さんのお話を思い出した。

死ぬ覚悟はしていたが、何のために死ぬのかと考えていた岩井さんの目の前を、赤ん坊を抱いた女性が坂道を下りてきた。そのとき岩井さんは、自分はこういう人々のささやかな幸せを守るために死ぬのだと思ったという。国のためでも、天皇陛下のためでもなく、名もなき人々のために自分は死ぬのだと考え、決心が固まったという。

幸い岩井さんの出撃は終戦によってなくなった。

しかし岩井さんの同期は多くが特攻で命を落としている。特攻を賛美していた当時の日本国民は、いったい何を思っていたのだろうか。

日記の中で、清沢が何度も「日本を誤らせた言論人」と批判している徳富蘇峰は、終戦の年の8月15日に玉音放送のあることを知り、この日、天皇陛下が自ら陣頭指揮に立ち、全軍を率いて戦争を継続する宣言があるものと考え、家人に赤飯を炊くように命じたという。

赤飯はその後思い直したようだが、彼はこの戦争は「勝てるはずの戦争」と狂信していた。だから、戦後も彼はその主張を取り下げてはいない。勝てるはずの戦争に負けたのは、指導者が誤った政策をやったからだと、清沢とはまったく反対の立場から東條や当時のリーダーたちを批判している。

勝てるという蘇峰の記述に、具体的な勝利の根拠が見当たらないのは、狂信者なのだから当然と言うしかない。

## 清沢のはかない期待

自由主義者清沢は、日本人にも米国人にも期待を抱いていた。日本人に対しては、失望しながらも「教育によって蒙《もう》を啓《ひら》くことができる」と期待した。いま国民はだまされているに過ぎず、事実を教えれば過ちを正せるはずと考えた。日記にこう記述している。

昭和二十年一月二十五日（木）
日本人は、言って聞かせさえすればわかる国民ではないのだろうか。正しいほうに自然につく素質を持っているのではなかろうか。正しいほうに赴くことの恐さから、官僚は耳をふさぐことばかり考えているのではなかろうか。したがって言論の自由が行われれば日本はよくなるのではないか。来るべき秩序においては、言論の自由だけは確保しなくてはならない。（254ページ）

しかしこの年の3月10日の東京大空襲で、「国民は米国軍の力を思い知らされたはずなのに、依然として何も学んでいなかった」ことを知り、清沢は愕然とする。彼我の軍事力の差、凄惨を極める現実、こういう絶望的な事態に直面したときでさえ、勝利を狂信する者は現実から目を背けようとするのだろうか、あるいは一層強い信者と化すのだろうか。

昭和二十年三月十一日（日）

科学の力、合理的な心構えが必要なことを、空襲が教えるにもかかわらず、新聞やラジオは、依然として観念的日本主義者のお説教に満ちている。この国民は、ついに救済する道なきか。（264ページ）

首都が一夜で灰燼に帰し、10万人以上の死者を出した事実を見て、なお論調の改まらない新聞に清沢は落胆したのであろうか。あるいは、「戦災を運命論的にしか見ない」人々に絶望したのだろうか。

一方、彼が渡米時代に見たり体験したであろう、米国人のヒューマニズムへの期待が裏切られたことの心の疵も大きかったはずだ。

昭和十九年十一月七日（火）

僕は、敵が東京を果して無差別に空襲するかどうかを疑う。サイパンで子供まで死んだことにつき、「日本人は米国を悪魔だと考えている」と思っているであろう。そして日本に、米国はそうではないことを知らせるような政策をとるのではあるまいか。――戦争だから事実は不明だが。もし、そうだとすればサイパンの男女自殺は、日本を救う役目を果したことになる。（234ページ）

サイパン島で日本の民間人の多くが自決した惨状を見た米国人は、ヒューマニズムに目覚め、非人道的な攻撃には踏み切らないのではないかと清沢は淡い期待を抱いていた。

しかし米国人にも、また動物の血が流れている。戦争になれば国籍、文化にかかわらず、人類は動物の血が騒ぎ出し獣性を目覚めさせる。このとき文明やヒューマニズムの力はいかに弱いものか。それが戦争なのだ。

清沢の期待は米国人にも裏切られた。そして米国の非人道的な、無差別爆撃に対して怒り心頭に発していた。

昭和二十年三月十九日（月）

深川、本所の惨状は、聞けば聞くほど言語に絶するものがある。陛下、昨日罹災地を御巡幸遊ばされる。日本は何故にこの惨状——婦女子、子供を爆撃した事実を米国に訴えないのか。彼らは焼いた後に機銃掃射をやったとのことである。もっとも、日本も重慶、南京その他をやり、マニラについてもほめられないが、米国のやり方は非道であり、許すべからず。（267ページ）

昭和二十年四月三十日（月）

米軍機の東京都その他の民家焼き払いは、不必要なる惨苦を国民に与えるもので、何といっても罪悪である。彼らがこのことを自覚して中止すれば、その幸福は日本国民のみではない。（285ページ）

『暗黒日記』の次の記述によれば、清沢の怒りとは裏腹に「被害を受けた国民は、無差別爆撃に対しては、戦争なのだから当然のことと受け止めていた」ようだ。

あれほど鬼畜、人でなしと罵《ののし》っていた米国人に対し、とんでもない被害を受けながら、戦場とその実態を知らないがゆえか、民衆から怒りや恨みの声が上がらなかったのは、今日の我々から見るとたしかに奇妙である。
負け戦を知らない当時の日本人にとって、戦争とはそもそも無慈悲で人道など存在しないもの、という認識だったのだろうか。だから立場が違えば、自分たちも躊躇なく野蛮人と化し、同じことをやっても仕方ないという粗暴な心があったのだろうか。

昭和二十年四月十六日（月）
これらの空爆を通して、一つの顕著な事実は、日本人が都市爆撃につき、決して米国の無差別爆撃を恨んでも、憤ってもいないことである。僕が「実にけしからん」と言うと、「戦争ですから」と言うのだ。戦争だから老幼男女を爆撃しても仕方がないと考えている。「戦争だから」という言葉を、僕は電車の中でも聞き、街頭でも聞いた。昨夜も、焼け出されたという男二人が、僕の家に一、二時間も来ていたが、「しもた家が焼かれるのは仕方がない、戦争なんだから。工場が惜しい」と話していた。（280ページ）

昭和二十年四月二十一日（土）
しかし注意すべきことは、焼け出された人々が案外に平気でいることだ。「今日は自分の身の上、明日は他人の身の上」といった自慰があるからだろうし、また多数の同運命は悲し

みの軽減に役立つのだろう。（283ページ）

清沢の憤りは、今日では国際的に常識的なものである。当時、連合軍による無差別爆撃がドイツでもあった。第二次世界大戦の初期段階では、夜間の無差別爆撃は非人道的とされ、昼間の精密爆撃が主体だった。

ところが昼間の爆撃で友軍機が大量に撃墜された。あまりの損害の多さに、本来は邪道であるはずの夜間無差別爆撃に、連合軍は舵を切ったのである。

背に腹は代えられない。そこに人道やヒューマニズムがあったとしても、戦争や戦場が人間を本性以上の狂人に化すものであるなら、「いまさら何をかいわんや」という泉下の声に黙するほかあるまい。

（丹羽宇一郎）

# 昭和十九（一九四四）年

十月一日（日）

久し振りの雨で畑を休む。原稿を書く。

グアム、テニアン両島軍民全員戦死の報、今朝の新聞に詳報される。

婦女子も自決　テニヤン一万五千大宮五百の同胞　情報局総裁談

大宮島〈グアム島〉およびテニヤン島の戦闘終結について三十日十六時三十分大本営より発表されたが、政府はこれと時を同じくして、特に次の情報局総裁談を発表、断乎復仇を誓ふ旨を宣明するところあつた。

◇……大宮島及びテニヤン島の在住同胞に関しては大本営より発表があつたが現地よりの入電を綜合するに概況は左の如くである。

◇……大宮島及びテニヤン島在住同胞は予《かね》てより皇軍と共に同島の防衛に力を尽しつゝあつたが、七月下旬敵の攻撃開始せらるゝや、凡《おおよ》そ戦ひ得る者は悉《ことごと》く皇軍に協力し優勢なる敵を邀《むか》へて勇戦力闘した。テニヤン島在住同胞約一万五千名の中十六歳以上四十五歳迄《まで》の青壮年男子約三千五百名は義勇軍を編成して数個の部隊に分れ夫々《それぞれ》皇軍諸部隊に配属し軍と一体となつて最後迄奮戦し、全員壮烈なる戦死を遂げた。老幼婦女子等の多くは戦火を避けて同島カロリナス地区に集結し皇軍の奮戦を援《たす》けつつあつたが、敵が最後の防禦線《ぼうぎょ》に迫るや敵手に渡るを潔《いさぎよし》とせず悉く自決して最期を遂げた模様である。

◇…大宮島の在住同胞は約五百名であつたが、これまたテニヤン島に於けると同じく皇軍に協力して敵を撃ち全員皇軍将兵と運命を共にした如くである。

◇…先にサイパン島に於ける同胞の勇戦敢闘と壮烈なる最期あり、今又テニヤン、大宮両島に於て此事あり、国難一度到らば一死以て君国に報ずる皇国民の伝統は之《これ》に由《よつ》て発揮せられ、皇土を守る為最後迄粘り強く闘ひ抜き、斃《たお》れて後もなほ熄《や》まざる大和男子の気魄《きはく》は之に由て顕示せられたと謂《い》ふべく敵手に渡つて縄目の恥を受くるよりは自決して終《つい》を全《まっと》うするに如かずとして進んで国難に殉じた老幼婦女子の最期は皇国古来よりの臣道を全うしたものである。

◇…今や戦局危急の際に当り、マリアナ三島に顕示せられたる忠節を仰ぐとき、将兵及び同胞の精神は我々の衷《こころ》に火と燃ゆるを覚ゆる。我々はこの感激を以て各々其の職域に励精し速《すみや》かに戦力を増強して敵を撃滅し以て皇運を扶翼《ふよく》し奉《たてまつ》らんことを期すると共に素志を遂げずして三島に斃《たお》れし将兵及び同胞の胸中を思ひ、必ずや宿敵を屠《ほふ》り以てその恨を晴らさんことを固く心に誓ふものである。

（『朝日新聞』十月一日付）

緒方竹虎*君は個人としては、この玉砕主義に反対で、困ったことだと早稲田の教員連中を集めて話したという。

この悲劇に際し、各新聞、例により特集する。『毎日新聞』は末次信正を出す。彼は戦争の転機が近きにあるという。『読売報知』は鹿子木員信、匝瑳胤次*を出し、いずれも玉砕を讃美する。

緒方竹虎（おがた・たけとら）朝日新聞主筆、副社長を歴任した後に政界に転じ、小磯内閣の国務相兼情報局総裁として言論統制にあたった。敗戦後の東久邇内閣では国務相として敗戦処理に奔走。公職追放解除後、衆議院議員に当選、保守本流の形成に尽力した。

匝瑳胤次（そうさ・たねひろ）海軍少将。予備役後、軍事評論家として海軍関係の著作を刊行。内閣情報局の外郭団体の大日本言論報国会が設立されると理事に就任。

## 十月二日（月）

毎日の新聞は、日本軍が「殴り込み」「切り込み戦術」を行ったと書いている。宮本武蔵の講談そのままだ。これでは戦争は勝てない。

国民学術協会に出席。最高の知識階級においては、現在ラジオでやっている米国の「鬼畜的」野蛮の宣伝が不人気だ。こういう宣伝をすることは、かえって学童その他の教育に害があるというのである。昨晩、海老名一雄*氏が米国人を、まるで動物以下のように宣伝した。

何人も国を愛す。要はいかなる方法が敵撃破に有効であるかの問題に帰す。

## 十月四日（水）

かつて、人が集まると食い物の話をした。今やその食い物はなくなって、話は素人農業の問題になってきた。誰もやっている。赤松克麿*君もやり、松岡駒吉*君もやる。長谷川如是閑老は馬鈴薯を植えて、収穫が親イモ一つしかなかったそうだ。こうした趣味が僕の農園随筆に興味が持たれたのだ。

**海老名一雄**（えびな・かずお）サンフランシスコで、地元と日本のニュースを掲載する新世界朝日新聞主筆。日米開戦前に、米国からの引揚船、龍田丸で帰国した。

**赤松克麿**（あかまつ・かつまろ）大正・昭和期の社会運動家、政治家。日本共産党創立に参画するも、弾圧にあい転向。1937年の総選挙で当選。1940年に大政翼賛会に参加。戦後は戦争協力の罪により公職追放となる。妻の明子は吉野作造の次女。

**松岡駒吉**（まつおか・こまきち）日本労働会館理事長。日本労働総同盟会長、日本労働組合総同盟会長など、労働運動界の中心人物として活躍した。

十月五日（木）

検問

◇本紙「神風賦」欄に、疎開児童の手紙を受持教師がいちいち検閲することに対し反省を求めた一文があつたが、全く同感である。

◇近頃かゝる風潮が流行し、工場、学校の寄宿舎は勿論《もちろん》、健民修練所のごときところまで手紙の検閲を行つてゐる。一体、何の必要があつてかゝることを行ふのか。

◇思ふに、当事者が統制といふことを履き違へたことに基因する一つの風潮であらうが、指導に当る者がそんなに疑ひ深くかつ形式主義に堕しては、既に指導者の資格を喪失してゐるといつても過言ではない。いつそのこと、もつと徹底して、生徒が家郷に出す手紙の類も予《あらかじ》めタイプで叩いておいて、月日と氏名を記入して出すやうにしてはどうか、といひたくなる。

◇徒らに重圧感を与へる以外に何の用もないかゝる風潮を一掃し図太い神経で挙国一致、戦ひ抜くやうにしたい。（浅野生奇）

（『朝日新聞』十月五日付）

手紙を検閲するのは現在の思潮をあらわすもの。

ドイツの無条件降伏を前提とし、ドイツを三分して米英ソで占領する案が欧州諮問委員会で決定した旨ストックホルム電は伝える。

ジークフリート線*が、いよいよアーヘン近くで突破されたらしい。ドイツ側は、まだしかし容認していない。

## 十月六日（金）

頭山満が死んだそうだ。愛国心の名の下に、最も多く罪悪を行った男だ。同時にまた最もよく日本人の弱点を代表している男でもあった。

## 十月七日（土）

これで四日降雨続く。秋の刈入れを控えて穂が腐ってしまうようなことはなかろうか。家の畑も損害大。神風と神雨が、どうやら反対に日本を見舞っているようだ。

信州の蓼科に海軍の療養所がある。そこの海軍軍人たちは別荘の樹でも、石でも、無断で盗んで、自分たちのものとするそうだ。別荘などを持っていてブ

ジークフリート線
ヒトラーが対仏防衛戦略としてフランスとの国境地帯に構築した大要塞。

ルジョアはけしからんという理由である。多分、海軍では、そういう教育をしているだろうとのことだ。

同じことが山中湖にもある。別荘の缶詰その他がたびたび盗まれる。その犯人が海軍軍人だろうというのは、前にも別なところで聞いたところだ。また海軍が棍棒などで新兵を殴りつけることは有名な話だ。

これらのことが、一切秘密にされ、抗議されないので、その弊害は是正されないのである。

十月十日（火）
清沢森の長女の婿、ニューギニアにて戦死したとのことにて、長女は子供を抱えて泣いていたという。僕の身辺でも、高田甚市氏の家庭では同じく婿が満州事変で死んで長女が寡婦になった。秋山高氏の長男が死んだ。石橋君然り。今後おそらくは同じような事件が頻出するだろう。戦争が、どんな味がするか、よくわかるはずだ。

## 十月十四日（土）

台湾に十二、十三、十四日と続いて空襲あり（延二千九百五十機と発表）。我が軍は航空母艦三隻、艦種不詳三隻を撃沈するも、なお引続き来襲するところを見れば、よほどの有力艦隊が数隊に分れていると思える。決戦期いよいよ近づく。

陸軍は依然として支那で作戦をやっている。近く桂林《けいりん》を突くという。非常な宣伝だ。陸軍は成功しているが、海軍のほうは大変だともとれる。

## 十月十七日（火）

神嘗祭である。

このとき、各新聞は台湾東方の大戦果を伝える。

この戦果に対し小磯首相は談話を発表したが、中に「殊に今回の戦闘に陸軍の雷撃機隊も参加し、陸海真に一丸となって勇躍健闘、この戦果をあげたことは特筆大書さるべきことである」と言っている。

国家存亡の機に当り、陸海軍が一緒に戦争をすることが、どうして特筆大書すべきことなのか。こうしたことを総理大臣が言うことこそ、特筆大書すべきことであろう。

この間、東京都事務官の話に、訓練所を陸軍が使っていると、海軍が少しも便利を講じない。陸軍はまた海軍が何だという。「この下のほうの兵隊の感情がおそらくは上層部の感情でしょう」と。

この戦果に新聞はいずれも全面を割いて、士気昂揚につとめている。「史上稀な大戦果」（『朝日新聞』）というような言葉が久し振りに出る。かつては「史上未曽有の」とか「神人共に泣く」といった形容詞が毎日出たものであった。

敵の損害はだいたい「五十万トンと二万六千名失う」（『朝日新聞』）計算だという。

ただ問題は、

一、日本側の損害には一切触れていない

二、敵の発表は、日本側に与えた損害を誇大に報じていることである。将来、この辺の事情が明らかになろう。海軍はその発表がだいたい良心的であった。

十月十八日（水）

満十七歳以上の男子、兵籍に編入。十一月一日から実施するとのことである。戦争は、いよいよ我が一家にも及んだ。徴兵されることほとんど必至である。

十月二十日（金）

台湾沖の海戦が勝利だというので、日本国民はワッと沸きたってきた。戦争だとはいうものの、こうした一戦闘で喜憂するのが、いつもの日本人だ。

小磯内閣になってから言論が、やや自由になり、僕のところにも講演を頼みにくるものが増えた。今夜は金田商店主催の講演会に出た。

十月二十五日（水）

台湾沖の戦果を祝うため「祝い酒」を特配したというので、各方面に非難あり。また小磯内閣において都民に配給をよくしたので、これまた非難あり。よくブツブツ小さいことをぐずぐず言う国民ではある。

十月二十六日（木）

朝、足利の経済倶楽部に講演に赴く。電車から見れば秋の収穫の最中で、それが女だけであるのが目立つ。

お昼は水とんという小麦粉を丸めたお汁のもの二杯。皆うまいと言って食う。かつて、ここではお昼は、料理屋の立派なところに案内したのであったが。配給なども東京より遙かに悪いという。大都市と農村の間に挟まって、物資不足なのである。

町に「殺せ、米鬼」という立看板がある。落下傘で下りたものを殺せというのだろう。日露戦争の頃の武士道はもうない。国民が、何ら近代的な考え方も教わらず、旧い伝統も持っていないのを示すこと、近頃の街頭に如《し》くものはない。

十月二十七日（金）

フィリピン群島のレイテ湾で決戦的大戦闘*が行われている。敵は合計三個師団が二ヶ所に上陸、さらに後続上陸部隊を輸送してきたのを、我が戦艦が迎撃したのである。従来の航空戦と異なり、我が主戦力が出動している。敵の損害

レイテ沖海戦
米軍のレイテ島上陸阻止のために、1944年10月23日から26日にかけてフィリピン海域で繰り広げられた日本と米国の機動部隊の戦闘。この戦いで日本側は、戦艦3隻、空母4隻が沈没し、連合艦隊は作戦能力を失った。

は多いが、我がほうも戦艦が沈没、中破している。レイテ島の陸上部隊が殲滅されるか、増強されるかによって敵の打撃が判断され、また東京空襲の遅速も判断される。

大打撃を与えるとネゴシエーテッド・ピース〔和平交渉〕の可能性が出てくるわけであるが、まだおそらくはそこまでいっていまい。願わくは好機をつかむだけの戦果を挙げよ。

## 十月三十一日（火）

沖縄県の空襲で知事が、どこかに逃げてしまって、まだ出てこない。* 警察部長が踏み止まったので秩序が維持できた。そこで県民は知事を罷免して警察部長を知事にしろと言ってきた。軍人がいると、とにかく秩序ができるというのである。これらのことには、軍人の陰に隠れて責任を逃れようとする考えと、また軍人がいなくなると、かえって軍部の干渉がうるさいと考えるものとの二種類があろう。

**戦争末期の沖縄県知事**
米軍の空襲が激しさを増した1944年12月、泉守紀知事は東京に出張し沖縄へ戻らなかった。後任の島田叡知事は、米軍上陸後も県民の安全や食糧確保、本土疎開などに尽力。沖縄戦終結直前の6月、県庁・警察の解散を命じ、最後の激戦地となった摩文仁の丘陵で消息を絶った。

十一月一日（水）

鮎沢君に招かれたので石橋君の自動車に便乗しようと出かける。電車が大森駅に行くと「空襲だから退避しろ」と言う。皆飛び出て、思い思いのところに隠れる。十分ばかりで解除。再び電車に乗って品川まで行くとまた「空襲、退避」だ。皆あわてて線路を横切って、建物の横などに隠れる。そんなところにいると火事が出たら、まる死にだ。僕は外に出る。非常な混雑だ。十分ばかりで解除になったが、省線は動かない。仕方がないから市電で東洋経済に行く。ちょうど、地下室に退避するところであった。これで空襲があったら、ほんとに大変だ。形式的な訓練が何にもならぬことが、今日のことでわかる。

十一月四日（土）

神風特攻隊*が、当局その他から大いに奨励されている。燃料を片道分しか持って行かないらしい。つまり、人生二十何年を「体当り」するために生きてきたわけだ。人命の粗末な使用ぶりも極まれり。しかも、こうして死んでいくのは立派な青年だけなのだ。

これを外国人が感心していると、九割五分までの日本人は考えているのであ

神風特別攻撃隊　戦争末期のレイテ沖海戦に際して、大西滝治郎中将が戦局打開のためには敵艦船への体当たり攻撃以外になしとして臨時編成を命じた特別部隊。250キロ爆弾を抱いた零戦が敵艦船に体当たり攻撃を敢行。終戦までに約2400機が出撃した。

る。

## 十一月五日（日）

毎朝、畑をやっていると工場に行く職工の一団が軍歌を歌いながら通っていく。指導者が歌うと、一同がそれを繰り返すのである。「大和男子と生れなば……散兵戦の花と散れ」〔歩兵の本領〕といった文句である。こうして肉弾戦を信仰し、青年は国家のためなりと死んでいくのである。

## 十一月七日（火）

青梅にて講演を頼まれ赴く。ちょうど講演開会時の午後一時頃、警戒警報があったかと思うと、直ちに空襲警報が発令。そのとき、事務員が「敵機が頭上にあります」と。外に出てみる。青空を飛行機一機、飛行雲を起こしながら東南方に進む。小さな飛行機が、その後を追っているようだが、高度において距離において問題にならず。僕は、それがどうしても敵機だとは思えなかった。この白昼、敵が帝都の上を堂々と通過するのである。それを我が軍が、どうすることもできないのである。実は、そんなに我が飛行機が劣弱なものであるとは思えなかった。「まさか、あんなのが敵機ではあるまい。僕は日本の防空陣を信用するから」と人に話した。皮肉では決してなかった。

あにはからんや、それは、やはり敵機だったのだ。B29の四発機である。彼は帝都の模様をすべて、映写したであろう。

国民は、機械力が、どんなものであるかが、まだわからないが、そのうちにわかるであろう。

僕は、敵〔米国〕が東京を果して無差別に空襲するかどうかを疑う。サイパンで子供まで死んだことにつき、「日本人は米国を悪魔だと考えている」と思っているであろう。そして日本に、米国はそうではないことを知らせるような政策をとるのではあるまいか。――戦争だから事実は不明だが。もし、そうだとすればサイパンの男女自殺は、日本を救う役目を果したことになる。

十一月十二日（日）

汪兆銘、名古屋にて十日に逝去との報あり。汪兆銘一人を相手に打った支那新政権の樹立が、彼が死んでどうなるのか。日本の政策がいかに希望的観測の下に生れたものであるかが本日明瞭になった。

支那の桂林落つ。支那大陸を広東方面より連路するためであろう。しかしこの長い交通線を確保することが果してできるか。ここにも、まるで無茶なる作戦あり。犠牲者に気の毒である。

## 十一月十六日（木）

床屋での話——

第一線〔戦場〕から帰った者の話に、食うものがなくて、人肉を食っている。しかも弾丸で死んだものは、どんな毒が入っているかわからないから、生きたのを殺して食うのだ。それがために俘虜を殺す。それを大釜に入れて脂を抜いて食うというのである。「誰も黙っているが皆やっているんですよ」と自分で話した。それが朝飯のときだったので、飯が不味くなってしまった。

アッツ島のときにも、誰かがそんな意味の話をしていた。誇張もあろうが、ある程度まで事実だろうと思う。

この世界から戦争をなくすために、僕の一生が捧げられなくてはならない。

昨夜、十時過ぎに防空訓練があった。起こしに来たそうだが、家ではとよやも嫌だといって出ず、隣組長から叱られたそうだ。訓練というのはバケツを持って飛び歩くようなことで、疲労するだけだ。
町には、どこにも道の脇に穴が掘ってある。そこに徒《いたず》らに水が溜まっている。それは待避壕なのだが、ただ爆風が避けられるだけのものだ。

十一月十八日（土）
世田谷区役所で講演。東京都からの依頼だ。
都の役人の話では、やはり戦争の前途に楽観的だ。軍人たちが「大丈夫だ」と言っているのを、そのまま信じているのだ。国民の九十％までは戦争に勝つと考えている。

十一月十九日（日）
とよやは訓練に赴く。「落下傘で下りる敵を殺せないというようなことでは駄目だ。そこで、彼らを突き殺す稽古をするんだ」と言って、竹槍を使う訓練をするのだそうだ。百五十人ばかり集まったとのことである。

十一月二十三日（木）

新嘗祭である。空襲があろうと予期され、どこも不寝番が行われている。

陸軍の発表がでたらめであることは左の数字でもわかる。すなわち本土来襲のB29を百二十機撃墜破したというのである。家の瞭すらも「ウソですね」と言った。十一月二十一日九州に来襲した飛行機六十三機を落し、大陸へ追って行って落したという。――民間の批判がはなはだしいので、いわば照れ隠しである。残骸が一つもないのはなぜであるか、これくらいのうのうとウソを吐く機関はない。命令ばかりしているので、発表さえすればそれで信用されると思っているらしい。

本土来襲B29撃墜破数

| 月日 | 来襲機数 | 方面 | 撃墜（不確実を含む） | 撃破 |
|---|---|---|---|---|
| 六、一六 | 二〇 | 北九州 | 七 | 三 |
| 八、二〇 | 八〇内外 | 九州、中国西部 | 二三 | 〇 |
| 一〇、二五 | 一〇〇内外 | 九州、済州島 | 五 | 一九 |

| | | | | |
|---|---|---|---|---|
| 一一、二一 | 七、八〇 | 西九州 | 三〇 | 三三 |
| | | | 六五 | 五五 |
| | | 撃墜破総計 | | 一二〇 |

神風特攻隊が毎日フィリピン方面に出動している旨、新聞は特報している。――朱雀隊出撃――第九聖武隊突入（レイテ湾敵船団へ体当り）――こうして、精神主義高調の結果が、人命を以て物質の代理をするに至ったのである。しかも何びとも注意する者もなく、民衆、気がつかず。

神風隊の一回の投弾のために、飛行機と飛行士を殺してしまうのはいいのか。

十一月二十四日（金）

正午少し過ぎ警戒警報についで、空襲警報発令。後の発表によると七十機が帝都にマリアナ島方面より来たという。警報が出ると、子供や婦人が、隣りの山を掘った壕の中に入れられる。そこへ防空群長であろう、いちいち叱り飛ばす。子供が防空壕の中で便を催しても、外に出さない。誰かが、外を歩いていると「早く壕の中に入ってくれ」と怒鳴る。しかも敵機は、少なくともこの方面から影も形も見えないのである。見えぬ敵機に対し、ちょっと外に出ることすら許さない「防空」である。僕は多くは書斎にいた。無論、軽装はしたのであるが。

英子の話を聞くと、彼女ら女生徒が隠れる防空壕は機械工場の下にあり、極めて小さく、その上には薄いコンクリートがあるのみだと。ここに爆弾が落ちれば全滅は必至である。その近くに河原があるのだから、そこへ避難させればいいのである。しかし我らにしてからが、それを注意したり、抗議したりしても無駄であると感じる。それぐらいすべてが、運命的に感じられており、改善は不可能だ。

それにしても学徒は、皆工場にいる。工場空襲の場合には全滅の危険にあり。働き盛りは軍人として、少年は工場において——ああ。この国はかくて亡国に瀕す。愚劣なる指導者の罪、ついにここに至る。

## 十一月三十日（木）

午前一時頃、空襲警報で書庫に赴く。「京浜上空に敵機なし」というのでベッドにもぐり込む。続いて空襲警報があったが、そのまま寝込んでしまう。眼を開けると午前八時。

富士アイスの重役会に赴くと、今暁来の被害の多かったのに驚く。東洋経済の後方は火事で焼けた。日本橋の三越前方も然り。盲爆だ。

この焼け出されたのに対し、政府は何事もできない。隣組で食糧、衣服をとりあえず与え、後はいわゆる縁故疎開をさせるのだそうだ。隣組とても、しかし与えるべきものは、そんなにあるはずはない。そこで被害者は「身の不幸」として「お気の毒様」だけだ。

雨降る。そこから今暁来の火事の煙が出ている。天気続きで、風が吹いていたら、大火事になったろうと思われる。

十二月一日（金）

鉄道関係者は汽車に乗ることが恐ろしいそうだ。

毎日、徴兵の青年が停車場に一杯だ。

毎日通う池上線の車掌が、若い婦人になったのはよほど以前からのことだが、最近は運転手が婦人になった。男の手がなくなったのである。

東京の制空権は今や敵軍に渡った。敵はいつでも日本を襲うことができ、しかも極めて安全である。

## 十二月五日（火）

瞭、久し振りに帰宅。中島飛行機の製図係にまわされたそうだ。工場は、とても整っているそうだ。自由学園を灰色に塗って、そこへ軍需工場を移したとのこと。すべての建物と、すべての人員は、字義通りに戦争遂行のために使うのである。

## 十二月八日（金）

本日は大東亜戦争勃発の三周年である。朝、小磯首相の放送があったが、例により低劣。口調も、東條より遙かに下手である。全く紋切り型で、こうした指導者しか持たない日本は憐れというべき。

昨日は午後六時に警報、今晩は二時頃に警報。起きて服装を整える。記念日だから、この日に米軍機が来るだろうと言うので、多くの平和産業は休んでいるとのこと。「仇討ち」思想だ。当局者も、必ず来るだろうと予測しているという。

小学校は十一日まで休み。英子の組は二十六名中八名しか来ていないという。いずれも八日の仇討ちを予期してのことだ。

これらの事実は、日本人がいかに米国を「日本的」に見ているかを示すものだ。

十二月九日（土）

午前三時頃、警戒警報。やはり起きて服装を整える。これでは一般人は神経衰弱になろう。

十二月十一日（月）

昨夜八時、今晩三時頃、敵機来る。損害よりも、晩に起こされることが生活的不安である。

十二月十二日（火）

今日、午後一時二十二分、国内をあげて、伊勢大神宮に必勝祈願をした。小磯首相の提唱で、かねてから、そういう演説をしていた。神風を吹かせるようにというのである。

二十世紀半ばの科学戦を指導する日本の首相は、神風を巻き起こす祈願を真面目にやる人なのである。

新聞、またラジオは、毎日、毎日、特別攻撃隊のことを書き、放送している。体当り精神と事実の表彰、鼓吹である。

## 十二月十三日（水）

昨夜八時、十二時頃、午前四時半頃、三回にわたって警報発令。真夜中のものは、ひどく高射砲が鳴り、その破片が家より遠からざるところに落ちた。家のガラス戸がミリミリと鳴った。この家の破壊されるときも、そう遠くないかも知れない。そのたびに起きて着物を着るのである。その煩わしさは並大抵のことに非ず。これをニューヨーク、シカゴその他で半年も繰り返せば、彼らは戦争をやめる気になるだろう。

## 十二月十四日（木）

今でもそうであるが、木や果樹をドンドン切ってしまった。青壮年団や官吏などの方針であった。ところが、今一部では、それが行き過ぎであることがわかってきた。もっとも、軽井沢でも今、木を切っているし、また畑の木も、必ず切られるであろう、燃料のために。破壊そのものに興味を持つのであるから、どうにも手がつけられない。

## 十二月二十四日（日）

昨日、吉田四郎君の妻君が来た。先頃植原パパも清沢さんも、荷物を疎開すべきだと言っていると言ったら、清沢さんも、パパも自由主義者だから、そんなことを言うんだ、国家あっての僕らじゃないかと言って怒りまくったという。吉田君は優しすぎるくらい優しい男である。それが旭硝子という軍需会社に通っていると、こんな筋違いを言うようになってしまうのである。彼は帝大出だから教育の問題ではない。論理の混濁と言ってもいいかも知れない。

それにしても若い人は新しく立ち上がったと言っていいようである。彼らは「俺らが死ななければ、国家がつぶれるんだ」と、進んで平気で死に赴いている。黒木君の二男坊も、後方勤務なんかつまらんと飛行士方面に志願しようとしているそうだし、また彼の友人も来て、そういう話をしているそうだ。この間、研究所の伊藤君が、学生を引率して動員に行ったが、「学生は空襲が来ても平気ですよ」と言っていた。青年の意気想うべし。喫茶店に行っていた時代とは確かに異なったものがある。

## 十二月二十五日（月）

近頃は人間が集まると、爆弾と焼夷弾の話に花が咲く。戦時下ではまず食い物――それから農業――それから爆弾というように話の種が変化してきた。生活の変化である。

## 十二月三十日（土）

昨夜は空襲三回。浅草の蔵前が百軒ばかりやられたそうだ。警報が遅かったので、死者もだいぶあったとのこと。

末次信正海軍大将死すとの報あり。彼は日米戦争論者の巨頭である。彼は米国の飛行機は、絶対に日本に打撃を与え得ないと言っていた。かつて、彼はリンドバーグ*が北海道に降りたのは、かくて北方をスパイせんとするのだとも言った。徳富と末次だけに対しては、この戦争が、日本にどういう結果をもたら

チャールズ・リンドバーグ　米国の飛行家。1931年、リンドバーグ夫妻が水上飛行機シリウス号で北太平洋横断飛行に挑んだ。ニューヨークを出発した後、アラスカ、千島列島を経て、根室に着水。その後、霞ヶ浦、大阪、福岡に立ち寄り、中華民国へと旅立った。

すかという事実を見せてやりたかった。国民喝采のうちに死なすのは、ある意味で口惜しい。新聞を見て僕は「口惜しい」と独語した。

十二月三十一日（日）

本年終る。経済的にも一杯一杯であった。収入二万円。勤労所得だのに、よくもこれだけ入るものだと思う。しかし闇による支出は十倍である。将来が不安である。不動産もあるから僕の場合は、全く困ってしまうことはないにしても。

# 昭和二十（一九四五）年

## 一月一日（月）

昨夜から今暁にかけて三回空襲警報が鳴る。焼夷弾を落したところもある。一晩中寝られない有様だ。僕の如きは構わず眠ってしまうが、それにしても危ない。

配給のお餅を食って、おめでとうを言うとやはり新年らしくなる。曇天。

日本国民は、今、初めて「戦争」を経験している。戦争は文化の母だとか、「百年戦争」だとか言って戦争を讃美してきたのは長いことだった。僕が迫害されたのは「反戦主義」だという理由からであった。戦争は、そんなに遊山《ゆさん》に行くようなものなのか。それを今、彼らは味わっているのだ。だが、それでも彼らが、ほんとうに戦争に懲りるかどうかは疑問だ。結果はむしろ反対なのではないかと思う。彼らは第一に戦争は不可避なものだと考えている。第二に彼らは戦争の英雄的であることに酔う。第三に彼らに国際的知識がない。知識の欠乏は驚くべきものがある。

当分は戦争を嫌う気持ちが起こるだろうから、その間に正しい教育をしなくてはならない。それから婦人の地位を上げることも必要だ。

日本で最大の不自由は、国際問題において、相手の立場を説明することができない一事だ。日本には自分の立場しかない。この心的態度を変える教育をしなければ、日本は断じて世界一等国になることはできない。すべての問題はここから出発しなくてはならない。

日本が、どうぞ健全に進歩するように——それが心から願望される。この国に生れ、この国に死に、子々孫々もまた同じ運命をたどるのだ。今までのように、蛮力が国家を偉大にするというような考え方を捨て、叡智のみがこの国を救うものであることをこの国民が覚《さと》るように——。「仇討ち思想」が、国民の再起の原動力になるようではこの国民に見込みはない。

一月三日（水）

本日午後、敵機九十機、名古屋、浜松、大阪に来たが、「被害軽微」、四十二機を撃墜破した旨をラジオの大本営発表は報じた。当方の損害は二機とのこと。

いつも非常な戦果である（！）。外地において戦われるのではなしに、内地で皆が見ているところでの空中戦だから、大本営発表の戦果が正確であるかどうかが、国民にわかるであろう、そのうちに。

今でも、日本軍がサイパンを破壊したというのに、依然として敵機がやって来ることに不審感を有している者がいる。

## 一月十一日（木）

一月九日、米国軍がフィリピンのルソン島*のリンガエンおよびサンファビアンに上陸した。前途憂慮に堪えない。

「特攻精神」というのが毎日の新聞とラジオで高調している。日本には死の哲学があって生の哲学がないとはその通りだ。この結果、どこでも無理が行われて健康が害されつつある。

## 一月十二日（金）

毎晩、空襲が来ない日はない。最初は隣りの防空壕に入った近所の者が、今や誰も入る者はない。馴れたのと、また一つはそんなことばかりやっていられ

**ルソン島の戦い**
連日の爆撃、艦砲射撃で日本軍の海岸陣地を破壊した米軍が、1945年1月9日に上陸。激戦の末、3月にマニラを制圧。日本軍はジャングルに潜伏しゲリラ戦を終戦まで続けたが、飢餓や病気で亡くなる兵士が続出した。

ないのである。

一月十四日（日）

鉄拳と増産

◇私は某廠に勤めてゐる工員です。私共の指導者の中には、ちよつとした工員の過失でも認めればすぐに工員を殴りつけるものがある。これによつて受ける工員の心理的影響は非常なもので、増産を妨げてゐます。工員の些細な過失、失態に対して、なぜ温情をもつて善導して下さらないのだらう。

◇この鉄拳が、小磯首相の「大和一致」の言葉にはどうしても当てはまるとは信じられない。過失者によくいつて聞かしても駄目ならば、鉄拳もまたよいだらうが、いきなり鉄拳を食らはせ、その上で叱言《こごと》。それでは工員を口惜しがらせ、反感を抱かせるだけだと思ひます。そして工員と指導者との間に融和の出来ない大きな溝が次第に出来て行くことを、私は恐れます。もし思はぬ不祥事が起こつたなら、その時にはもう遅いのだ。鉄拳より温情をもつて善導することこそ真の指導だと思ふ。（一工員）

（『毎日新聞』一月十四日付）

軍隊の鉄拳は、もう言うだけ野暮である。それが工場でも行われている――日本は暴力世界だ。

## 一月十六日（火）

晩に、秋山高、杉原軍造（太平洋貿易取締）、山野、鈴木咄波その他の連中の「さごのにおける会」に招かれ出席。杉原君は最後の交換船*で米国から帰った人。米国の役人が、いかに親切に敵国人の財産について取り計らってくれたかを実体験上から語る。また自分の家の弁護士よりも、よくやってくれたとのこと。敵国の取り扱いに、彼がこう感謝しているのだ。ここに米国の強みがある。

日本人には、どうしてこういうことができないのだろうか。敵をも愛することが、やがて十数年後において、日本を世界によく紹介する所以ではないか。

電車が滅茶々々に壊れている。窓ガラスはなく、椅子席の布がない。窓は乗客が強いて壊すのであり、布は盗んでいくのである。電車が遅いと言っては、無理に破壊するのだそうだ。

交換船
開戦により両陣営に取り残された外交官や民間人を帰国させるために、交換に関する協定が結ばれ、日本と米国は１９４２年６月と１９４３年９月に交換船が運航された。

敵に対する怒りが、まず国内に向かっている形だ。

**一月十九日（金）**

石橋夫人の友人のピアノの先生が、目下の生活は物を食わないで餓え死にするか、それとも闇で物を買って破産するかの二つしかないと言ったと。その通りだ。

**一月二十二日（月）**

今日一日寝る。咽喉から血が出るのである。医者に来てもらう。流行風邪で、こうした型だという。

**一月二十三日（火）**

石橋和彦君の告別式あり。僕は風邪のため家内が代って参列。いい青年だった。こうした若人を何百万と死なせなくてはならない。

隣組の小島さんの母親が死んだ。その棺桶が、返還することを条件として融通してもらったのだそうだ。つまり死人の棺桶は借りるので、買うのではない。

これを何回も使うのである。

死体が焼けないということはよほど前から言われていた。しかし棺桶が足りなくて、それを何回も使うというのはいよいよ時局を反映する。そのうちに自動車がなくて死体を運べず、庭の隅に埋めるというようなことが、半年後ぐらいにはあり得ると思う。

## 一月二十五日（木）

昨日、技術院総裁の八木秀次*博士が議会で答弁した。

「最近必死必中ということが言われるけれども、必死でなくて必中であるという兵器を生み出すことが、我々のかねがねの念願なのであるが、これが充分に活躍する前に、戦局は必死必中のあの神風特攻隊の出動を待たねばならなくなったことは、技術当局として誠に慚愧《ざんき》に堪えず、申し訳ないことと考えている」

この答弁は、非常な感激を議場で生んだ。泣いている者もいたという（『読売報知』――非常にスペースを割いてその状況を伝える）。これは、封建的なる愛国観（死ぬことを強調する道徳）に対するインテリの反発の発露だ。誰か

*八木秀次（やぎ・ひでつぐ）　東北帝国大学教授として電気通信研究所を設立し、八木アンテナを発明。大阪帝国大学教授、東京工業大学学長、技術院総裁等の要職を歴任。

が言ってくれたらいいと考えていたところだ。それを八木博士が言ったのだ。

日本人は、言って聞かせさえすればわかる国民ではないのだろうか。正しいほうに自然につく素質を持っているのではなかろうか。正しいほうに赴くことの恐さから、官僚は耳をふさぐことばかり考えているのではなかろうか。したがって言論の自由が行われれば日本はよくなるのではないか。来るべき秩序においては、言論の自由だけは確保しなくてはならない。

一月二十八日（日）

清沢覚より電話あり。昨日の空襲で銀座四丁目付近がやられ、東條靴店などが燃えたとのこと。岡村今朝良の事務所も水びたしになったとのこと。いよいよ戦争の被害が身近に迫ってきた。

一月三十日（火）

日本の国民は何にも知らされていない、何故に戦争になったか。戦争で損害はいくらなのか。死傷者はどうなのか。これを総合的に知っている者は日本においては誰もなし。一部の官吏はあることは知っているが、他のことは知らないのである。今度の議会でも多少問題になったが相変わらず駄目だ。

一月三十一日（水）

帝国ホテルで高柳教授と会食する。

土曜日の空襲が東京に案外な損害を与えたことに驚く。銀座四丁目から帝国ホテルに近いところまで、破壊家屋に満ち、ガラスはほとんど壊れている。今までの工場は一部の人しか知られなかったが、この都心の破壊は改めて、敵の戦争力を国民に知らせるだろう。銀座四丁目では、爆弾が水道を壊し、地下鉄が運転不能に陥っている。富士アイスの教文館以南も焼く。堅固なる鉄筋コンクリートの建物は流石に強い。大地震のときもそうだった。服部時計店もたっている。この被害に対し政府は全く何ごともなし得ず。個人の不幸に帰している有様だ。無責任と言おうか無力と言おうか。

大東亜病院に笠原清明を見舞う。この病院も「聖路加」という名を変え、屋上の十字架を取り去ってしまっている。空襲の被害者が最も多くここに運ばれたとのこと。

二月二日（金）

東洋経済で香港の総督であった磯谷廉介中将*に会見。最近帰朝したのである。石橋氏が戦争の行き違いはどこにあったかと聞くと「我ら（陸軍）からいうと海軍がもっとやれると思って、島などにも兵隊を持っていったんだが、どうにもできなくなった」と言う。「陸軍はだいぶ戦争をやりたかったが、海軍は好まなかったようだ」と問うと、「海軍の一部では戦争を避けたい気持があったでしょうが、多くはやりたがっていましたよ」と言う。

二月八日（木）

雪降る。

本年は世界あらゆる方面で五十年ぶりの寒気といわれる。東京で家の中の水が全部凍るという如きは三十年の東京生活で知らない。炭はなく、本年の寒さは誰にもこたえる。本年の冬を通じ、先頃、一俵の木炭の配給があっただけである。幸いにして我が家にはまだある。

**磯谷廉介**（いそがい・れんすけ）陸軍中将。ノモンハン事件で日本軍の敗北責任をとって予備役となったが、太平洋戦争が始まると召集を受け、日本占領下の香港で総督を務めた。戦後、極東国際軍事裁判で終身刑の判決を受けて服役。後に釈放。

二月十日（土）

フィリピン方面は敵が制空権を有し、蟻の出る隙もない旨、外務省調査局長の話。したがって外務省の若い連中も到底帰ってこられないとのことである。佐藤日史君の運命が気づかわれる。

フィリピン全土でゲリラが非常に盛んだそうだ。

二月十四日（水）

工場を休む者が非常に多い。一つはそうして他で稼ぐのであるが、もう一つは工場に行っても仕事がないそうだ。簗比地君の話では、同君の甥が工場に行っても、石炭がないので一ヶ月に三日しか働かなかったとのことだ。

二月十六日（金）

朝七時から警報発令。午後四時まで継続して空襲警報発令。敵機動部隊が来たのである。飛行場をやったという。艦載機が来て、しかも、これをどうすることもできない、汽車をも襲撃しているという。

いよいよ食糧問題も交通断絶から起こるであろう。

日本は、今、生産的には何にもしていない。全力を戦争のために捧げている。それが破壊されるのだから、日本は恐ろしい勢いで国力を磨滅しているのだ。東京の真中にあって、我らはどこが、どういう被害を受けているか一切わからない。この秘密主義は最後までそうであろう。

「敵は焦っている」――そうラジオでも言い、新聞も言い、軍でも言う。これはおそらく、敵も飽いている、もう一頑張りすればという意味だろう。この認識が、従来ずっと観察を誤らせてきたのだ。

二月十七日（土）

今日も艦載機来襲。午後二時頃に至る。機動部隊が来てどうにもならない。海軍が全滅したことを知るべし。

二月二十日（火）

中央公論の藤田親昌君*が一ヶ年の牢獄――実は留置場から出てきたが、警官はむやみにぶん殴る。身体が腫れあがる。ぶん殴った後で、体操をやらせる――聞いただけでも熱血沸くものがある。日本には憲法もなければ、法治国で

*藤田親昌（ふじた・ちかまさ）中央公論社の出版部長、編集部長を歴任。特別高等警察による言論弾圧事件である横浜事件に連座して検挙拘禁。1年後に起訴留保処分により釈放。

もない。ギャングの国である。警察で、どんなことをされても仕方がないそうだ。

## 二月二十一日（水）

十九日に硫黄島に敵が上陸*した。いよいよ切迫した。

二月十九日の各紙は一斉に敵の対日処分案なるものを発表する。今までは全く伏せていた皇室のこと——国体変革の企図が敵にあることをも書いている。これはかなり思い切った処置である。この反響は如何。

## 二月二十六日（月）

雪、一尺も積もる。三月も近いのにこの大雪は珍しい。

東洋経済に赴くと、野沢君が入口にいて、「とても大変です。焼け跡から、焼け残った布団を取り出していたり、震えながら灰を眺めたりしているところを見ると、ほんとに悲惨です。戦争とはいうものの犠牲が大きすぎます」と言った。誰に対して言うともなく、彼は嘆《たん》ずるように言うのである。東洋経済ではガスも水道も出ない。自宅で考えていたよりも被害は大きい。電車もほとん

硫黄島の戦い
1945年2月19日、約6万人の米国海兵隊が硫黄島に上陸し、栗林忠道陸軍中将指揮下の約2万2000人の硫黄島守備隊との間で激戦が繰り広げられた。1カ月以上の攻防により米国軍が硫黄島を奪取。米国軍の死傷者は約2万5000人、日本軍はほぼ全員が戦死、自決。

ど動かないのである。

会議の後、神田に土曜日に買った本を取りに行く。神田一面が焼けただれている。神田駅付近から駿河台下方面にかけて、先頃まで焼かれなかったところがやられている。まだ燃えている。

全体の被害一万九千戸。死者は百三十名とかだそうだ。上野方面が焼けているとのこと。消防が来て「水道の栓はどこだ」と聞いて歩いていたとのことで、非科学的なところがあらわれている。

神保町通りは焼けておらず、買った本を受け取った。折しもの雪で、都電が動かず、それが悲惨感を激化させている。たまに荷物を積んで運んでいる者もいるが。

今やその車すらもないのである。しかも国家はほとんど何らの救助を被害者に与えることができない。

三月四日（日）

朝八時頃よりB29百五十機来襲。「悪天を利用し」とラジオで発表するほど悪天だ。したがって日本側からは、ほとんど飛行機は出ないようだ。巣鴨その他がやられたそうだが、例によって全く発表はない。日本では「被害軽微」「敵の損害甚大」と言っている間に、いつの間にか大都会の過半は焼失してしまうというようなことになるだろう。

## 三月九日（金）

通信院の貯金課に頼まれ、前橋に赴く。二等の切符なし。しかし座れる。講演の結論で、日本は飽《あ》くまで抗戦すべき旨を述べた。幣原喜重郎男爵*の言ったようなことだ。決して自己の本心ではない。

## 三月十日（土）

警報で目覚める。*けたたましく大砲が鳴る。外に出ると、B29が低空飛行をやり、探照燈に銀翼をあらわし悠々と飛んでいる。盛んに高射砲を撃つが、少しも当らず。我が飛行機は一機も飛び出していない。B29は、フックリ空に映えて実に奇麗である。たちまち北方の空、真紅になる。風が非常に吹いているので、この風では止めようもあるまい。風に燃焼の臭いあり。どこか知らないが被害が多かろうと胸が痛む。

**幣原喜重郎**（しではら・きじゅうろう）
外務次官、駐米大使等を歴任した後、加藤内閣、若槻内閣、浜口内閣で外相を務め、対英米協調外交・中国内政不干渉の幣原外交を推進。戦後、東久邇内閣の総辞職を受け首相に就任。

**東京大空襲**
1945年3月10日未明、B29約300機が焼夷弾を用いた無差別爆撃を行い、東京下町一帯は廃墟と化した。この空襲で市民の死者は約10万人、罹災者は約100万人、焼失家屋は約27万戸に達する大きな被害が出た。

朝、国民学術協会に出席のため都心に出る。電車は品川までしか行かないというが、浜松町まで行けた。蒲田駅で、眼を真赤にし、どろまみれになった夫婦者あり。聞くと浅草方面は焼け、観音様も燃えてしまったという。東京に近づくにしたがって、布団に包まれた人が多くなる。浜松町からは、鉄道を、群衆が歩くところ、ちょうど昔の震災のときと同じだ。新橋駅近くの左右が燃えている。殊に汐留駅が、まだ盛んに火を吹いている。ここは東京最大の運輸駅であり、二、三丁四方にうずたかく物資を積んであったはずだ。それが灰燼《かいじん》に帰《き》したのである。しかも、極めて正確に荷物置場だけがキチンとやられており、その投弾の正確なること驚くばかりだ。

銀座三丁目あたりから一丁目にかけ焼く。日本橋の白木屋にも火が入っている。いつも行く明治堂古本屋が焼けてしまった。木曜日に僕は本を買って、取りに行くはずであった。丸善だけは無事。三菱銀行支店だけがどこに行っても立っているのは、同銀行の信用を語るものか。見るに堪えないのは、老婦人や病人などが、人に支えられながら、どこかに行く者が多いことだ。燃え残った夜具を片手に持っている者、やけただれたバケツを提げている者。それが銀座通りをトボトボと歩いていく。彼らの目はいずれも真赤になっている。煙と炎のせいであろう。

板橋君に会うと、石橋家が丸焼けになって、奥さんが東洋経済に行っているという。見舞うために行くと、奥さんが疲れた姿でいる。昨夜、石橋君は鎌倉に行き、奥さんと女中だけが罹災。何も持ち出せず。丸焼けだとのことだ。この戦争反対者は、先には和彦君を失い、今は家を焼く。何たる犠牲。

浅草、本所、深川はほとんど焼けてしまったそうだ。しかも烈風のため、ある者は水に入って溺死し、ある者は防空壕で煙にあおられて死に、死骸が道にゴロゴロしているとのこと。惨状まことに見るに堪えぬものあり。吉原も焼けてしまったと。

帰りに銀星に寄ると甥の笠原貞男の妻君も子供三人を抱えて焼け出され、これまた何にもないとのことである。どうすればいいか修司も困っている。

本郷一面、芝三光町、その他全焼――警視庁では二十万戸と数えている。そうだとすれば百万人の罹災者という訳だが、果してそうかどうか。帝大の一部も焼失。国家は、これに対しほとんど何もできない。晩に衣食寝具を供出してくれと隣組から言ってきた。

それにしても、これが戦争か？　小磯首相は罹災者に対し「必勝の信念」を説いて、敵の盲爆を攻撃した。宮内省の主馬寮*が焼けたことばかり恐縮していることに対し、国民からかえって反感が起ころう。

## 三月十一日（日）

科学の力、合理的な心構えが必要なことを、空襲が教えるにもかかわらず、新聞やラジオは、依然として観念的日本主義者のお説教に満ちている。この国民は、ついに救済する道なきか。

十日午前一時以降のB29空襲の惨状は、日と共に明瞭になりつつあり。銀星の店員も焼け出される。浅草方面にては死屍累々たるものありという。烈風に煽られて逃げ損じたためである。おそらくは大震災のときより少なくあるまい。二、三万を超えると思う。

一億総討死をしたら、その後の国家はどうなるのか。しかしそれが今のところ軍人、右翼のイデオロギーである。

本土決戦なるものが真剣に考えられている。すでに松村*報道部長もそれを言い、仙台の司令官もそう言い、さらに新聞もそれを宣伝している。――国民がどう考えるかが唯一の問題。

**主馬寮**（しゅめりょう）宮内省の一部局。馬や馬車の装具の管理、馬の飼育調教等に関する事務を扱った。

**松村秀逸**（まつむら・しゅういつ）陸軍少将。大本営陸軍部報道部長、内閣情報局第一部長等を務め、戦時下の言論統制にたずさわる。戦争末期、広島で被爆。戦後、公職追放。

戦争を職業とするものが、人間の生命をどんなに軽く取り扱うかを、国民一般に知らせることは、結局日本のためになるかも知れない。ああ。

## 三月十二日（月）

本所、深川方面では、空襲の三日後も、まだ死骸が道路に転がっているそうで、警防団がトラックで運んでいるそうだ。火事のため毛も顔も原形をとどめず、黒い焼け杭のようになっており、男女の別もわからなくなっているという。

甥の笠原貞夫は出征しており、その妻が三人の子供を抱えて焼け出されたのは、先に書いたが、修司が区役所に行くと、「縁故疎開の他はどうにもならない」と、一切受けつけない。もらったのが五日分の食料切符と汽車の無賃乗車券のみである。仕方がないから丸ビルの地下室に連れてきて、信州に送るという。布団二枚を自転車に積んできた。国家の罹災者救助というのは五日分の米と醤油だけだ。

名古屋に十二日零時半より三時二十分までB29百三十機来襲。* 午前十時まで焼けたというから東京と同じであろう。

**名古屋大空襲**
B29爆撃機による名古屋市街地への大規模空襲。1945年3月12日の空襲で市街地が、3月19日は名古屋駅が炎上、5月14日は名古屋城が焼失した。

## 三月十四日（水）

我らの周囲において戦争の始末を考えている者は、石橋湛山君と植原悦二郎君ぐらいなものだ。それはかりではなく、大臣などが、そうした調子を見せると、皆おべんちゃらを言ってこれに従うそうだ。――そういう道徳的勇気に欠けた連中の集まりだから、こんなことになったのだ。

空爆の被害や内容については、政府は一切発表しない。ただいくら撃ち落としたということだけだ。――誰かがその撃ち落としたものを総計すれば、米国の造ったＢ29よりも遙かに多くなっていると言った。

## 三月十五日（木）

十四日朝、大阪が空襲*で焼かれたそうだ。日本銀行に来た報告では焼失家屋十二、三万とかいう。二日に一回ずつ、東京、名古屋、大阪に来たわけだ。

何故、敵の宣伝ビラを拾ったら悪いのか、何故、敵の宣伝と正面から取り組ませないのか（各紙ともシャープ・ペンシル云々を書いている。これこそ宣伝だろうと考えられる）。

**大阪大空襲**
１９４５年３月13日深夜、２７４機のＢ29が襲来し、大阪の住宅密集地を標的に無差別爆撃が行われ、約50万人が被災し、約４０００人が亡くなった。その後も終戦までに計８回の大空襲が行われ、１万人以上の一般市民の死者が出た。

三月十六日（金）

渡辺君の話では、昨年八月、陸軍の少佐以上の軍人に米国の事情を話して、必ず東京を空襲し、ために東京は焼野原になると言ったところが、会の後、酒を飲んだとき、「そんなことはあり得ないから、あんな話をしてもらっては困る」と注意されたとのことである。軍人の認識はその程度であった。

蒲田駅で憲兵が、紳士風の男を二人、連行している。東京駅前にも憲兵が立っている。戒厳令施行の噂も専らである。いよいよ軍政が現実的になってきたのである。新聞でも、議会でも、「強力政治」を言い、それは日本にては軍政を言うのである。軍的秩序と軍人政治に対する、迷信を見るべきである。

三月十九日（月）

深川、本所の惨状は、聞けば聞くほど言語に絶するものがある。陛下、昨日罹災地を御巡幸遊ばされる。日本は何故にこの惨状——婦女子、子供を爆撃した事実を米国に訴えないのか。彼らは焼いた後に機銃掃射をやったとのことである。もっとも、日本も重慶、南京その他をやり、マニラについてもほめられないが、米国のやり方は非道であり、許すべからず。

三月二十一日（水）

どの新聞も流言蜚語《りゅうげんひご》が盛んになったこと、その原因が政府が事態を発表しないことからきていることを書くようになった。『朝日新聞』の本日の社説「民心の奥に要塞を築け」というのもそれだ。同社説には「赤飯とらっきょうを食えば爆弾に当らない」という迷信が流行しているとある。「ドイツが前大戦において突如内部より崩壊したのも、政治的判断と現実感との欠如のために迫り来る危険を認めることができなかったからである」と言っているのはよほどの奮発だ。

今日、お昼のラジオで、硫黄島の勇士が、最高指揮官を先頭に玉砕したことを伝えた。敵自身の発表によっても確か二万近くの死傷者ありとのことで、日本軍がいかに奮闘したかがわかる。ああ。

三月二十三日（金）

春になってはじめての暖かさだ。――外にいると暑いくらい。石橋君、湛一〔石橋湛山の長男〕君、宮川三郎君らと共に散歩する。寒かったので梅と桜が一緒に咲く程度に、桜すでにふくらむ。

強制家屋取壊し令発布。日本橋の丸善も四、五日中に立ち退く。東洋経済の木造建築も取り壊し。また山内さんのところでも疎開命令を受ける。

かくて本土防衛の準備着々進行中である。

## 三月二十九日（木）

三井高維君の靴が破れていた。財閥の巨頭三井家の人も、衣食住が自由にならないのである。

## 三月三十日（金）

嶋中雄作君の家が強制疎開の命令を受けたという。電車の両側の家が、ドシドシつぶされ、その瓦やその他が破壊されている。なにしろ五日ぐらいの猶予期日しかないので、丁寧にやっている暇がない。全部打ち壊しだ。

戦争というものの「力」を思う。一晩のうちに何十万戸を焼き尽くし、さらにその残ったものを一通の命令書で取り壊すのである。米国の戦後処分案を待たずに、日本はすでに日清戦争以前の資産状態に返りつつある。

「戦争は文化の母なり」と軍部のパンフレットは宣伝した。それを批評してから我らは「非国民的」な取り扱いを受けた。今その言葉を繰り返してみろ！戦争は果して文化の母であるか？

## 四月二日（月）

米敵、三十一日朝、神山島、前島（慶良間列島）に、四月一日、沖縄本島に上陸*した。

陸軍の中に、沖縄を決戦場とする説と、主力を本土防禦のためにとっておく説との二つあるとのこと。したがって沖縄作戦は陸軍だけでやっており、海軍はやっていないと。最後まで陸海は対立。

東京の空襲による被害は百億を算するだろうという。この方面にあった銀行の帳簿も、金も焼失し、全く整理がつかない。預金は忘れないが、借りたものを返す気づかいはない。銀行の帳尻は国家が、これを負担せざるを得ない。かくて通貨の暴騰は必至だ。すでに先月末の兌換券発行高は百九十億円で、加速度的に増えていく。物価は砂糖が一貫目六百円といわれ、米一俵も同じく六百円といわれる。支那と同じ程度のインフレ必至。

沖縄戦
1945年4月1日、米軍が沖縄本島に上陸。約3か月にわたり、住民を巻き添えにした激戦が繰り広げられた。6月23日に沖縄守備軍の牛島満司令官が自決し指揮系統が消滅したが、残存兵による散発的な戦闘が終戦まで続いた。この戦闘で、集団自決、住民虐殺、食料強奪、壕追出しなどの悲劇が起こり、約10万人の民間人が犠牲になった。

## 四月四日（水）

本日、未明の敵の空襲こそ、生れてはじめての壮観であった。今まで敵の空襲は、都の北東その他であって、僕はそれを実際に見ることはできなかった。今日のものは自宅より俯瞰し得る――京浜間の工場を爆撃*したのであって、近代戦争の破壊力をこの目を以て見ることができたのである。

一家全員、空襲警報で夢がさめた。ドシンと地震があった。それが地震か、爆弾か、今に至るも明らかでない。服装を整えて外に出る。月が明るく、各方面に爆弾が投下されて炎があがる。鶴見、川崎方面の工場数ヶ所にわたる。たちまち照明弾二個が投下されて、四方が昼の如く明るくなる。爆弾は、たえず猛烈なる音がして炸裂する。空はたちまち夕空の如く紅くなった。

敵の飛行機は今日は一つも見えず、したがってまた味方の活動の様子も見えず。ただ見えるのは花火の如き炎の飛ぶ光景のみ。時々稲光りの如き閃光が輝く。敵の爆弾か、それとも味方の高射砲か。爆撃は午前一時半頃より始まり、午前五時前に至ってやむ。その後も時限爆弾による時々の爆発あり。

朝、電車は池上線も、目蒲線も通じず、電話も通じない。清明の話では田園調布の学校がやられ、その隣りの電話局も故障を受けたろうと。

*川崎空襲　1945年4月4日に約50機のB29が飛来し爆撃。死者約200人の被害を受けた。4月15日には約200機による最大規模の空襲が行われ、市街地全体の家屋と工場が壊滅的な打撃を受け、多大な死傷者を出した。

ラジオは報じて、今暁B29の来襲による軍需工場の被害はほとんどなかったと。空襲の実情を見た数十万の者は当局者の発表を信じまい。戦争は、最も責任ある地位の者をして、途方もなくウソを吐かせるものである。

## 四月五日（木）

小磯内閣総辞職し、鈴木貫太郎*に大命下る。正午に経済倶楽部に行くと、すでに後継内閣首班に鈴木が推されるだろうと噂されていた。

新潟県知事の町村君が富山で話したのが想い出される。彼は確か鈴木の秘書か何かをやったが、二・二六事件の後に、鈴木は海軍士官もこれに関係があったと聞いて、海軍がこんな風に政治策謀に没頭しては国がつぶれると、そこで末次信正とか、真崎勝次*とかいう連中を辞めさせたのだそうだ。また、いつか潜水艦が事故で沈んだときに、その報告に接した鈴木は「乗組員がどんな状態で死んだか」を調べさせた。全員ことごとく持場を死守していたと報告された。彼は、「それで安心した。その事実がわかれば、潜水艦など何隻沈んでも惜しくない」と言ったという。そういう話から見て、鈴木が誠実の士であることは事実のようだ。問題は、どれだけ政治的見識があるかだ。

**鈴木貫太郎**（すずき・かんたろう）
海軍大将。連合艦隊司令長官、軍令部長、侍従長兼枢密顧問官を歴任。二・二六事件で重傷を負う。終戦時の首相として、ポツダム宣言の受諾、降伏を決定した。

**真崎勝次**（まさき・かつじ）
海軍少将。シベリア駐在、ソ連大使館付武官等を歴任。1942年の翼賛選挙で衆議院議員に当選。戦後は、公職追放。兄は、皇道派の真崎甚三郎陸軍大将。

## 四月七日（土）

五日は、ちょうど、小磯内閣が総辞職し、鈴木大将に大命が下った日である。鈴木大将は誠忠の士のようだ。しかし手許に大臣候補者がなく、狭い範囲からの選任である。ろくな者が集まる訳はない。

歴代内閣四十四代、そのうち軍人内閣十八人（同一人を含む）

明治時代内閣十四、そのうち軍人首相四人（同一人を含む）

大正時代内閣十、そのうち軍人首相五人

昭和時代内閣十六、そのうち軍人首相九人（但し田中は政友会総裁）

大将でなければ首相になり得ない組織が、大東亜戦争の最後まで続いたことを知るべし。そしてそれがいかに不自然であるかがわかるはずだ。

## 四月十日（火）

何でも軍が東京に飛行滑走路を造るために、大きな道路を造るのだそうだ。戦争というものは、個人の権利もなにも全く認めない。

今日の雨で取り壊した後が濡れ、畳などが散乱している。今朝の新聞に、その取り壊したものを個人に売り渡すことに決したとあるが、今まではそれすらもしなかった。しかも運搬の方法がないから、一方に防空壕を造る資材もないのに、他方にそういう不用なものが堆積している。なぜ隣組にでも利用させないのか。
　官僚と軍人の政治というものが、こうも日本を滅茶苦茶にしてしまったのだ。ああ。

**四月十四日（土）**

　十三日夜といってもいいし、十四日朝といってもいい。敵機、百七十機帝都に来襲。宮城〔皇居〕の一部焼かれる。
　例によって、どこが焼けたのか一切不明だが、かなり広範囲にわたって焼失、三万人のパンを用意したというから被害者はそれくらいだろう。一晩にして帝都の六、七分の一を焼き払う。戦争の惨状、まことに言語に絶する。

**四月十五日（日）**

　本日は一生のうち、最も想い出の多い日であった。この日、僕は空爆の洗礼を受けたのである。そして身に微傷も負わなかったが、身体に敵の焼夷弾を受けたのである。

　この日、家族は軽井沢に行くべく汽車の切符を各方面に依頼した。昨日、警察の水野君が一枚都合してくれた。近頃、汽車切符はダイヤモンドに比すべき貴重なものである。暸が駅に取りにいくと、昨日の罹災者の他は、一切、切符は出さないと断られた。

　荷物を源川のところに運ぶ。夕飯後、自宅に帰るとそこに小瀧君がいた。話をしていると、警戒警報が鳴る。彼はあわてふためいて帰り、僕は例によってベッドに入る。多くの人のように、こんな場合に緊張できないのが僕の癖である。昨夜の空襲沙汰の寝不足でウトウトしていると空襲警報が鳴る。さっそく用意をして外に出る。午後十時半頃だ。星はあるが暗い夜。従来の敵機と異なって、今夜は頭上をしばしば通る。目標は多摩川の両側にある工場だ。高射砲が咆哮し、敵機の落す爆弾が、暗のとばりに紅蓮の炎を浮き立たせた。B29は銀色で、それが探照燈の光を浴びて絵のようだ。一機ずつ飛んでいる。空中を枡の目を描いて、残すところなく焼夷弾を落していく。家内は源川の家に宿っている英子と、とよやの安否を心配して行った。暸と僕は小さな防空壕に入ったり出たりしていた。

大森、蒲田方面はすでに空が真紅になり、敵の攻撃は盛んに我らの近くに迫るのである。「今夜ほど早く空襲警報が解除されることが待たれる日はありませんね」と暸は言った。僕が、下の防空壕の様子を見に行くために門前の道に出た瞬間である。ザーと雨のような音がした。僕は思わず切り通しの高い道傍に身を隠した。このとき、遅れて火が降って、家の屋根、隣りの松林、笹竹の垣が燃え出した。「お父さん」と暸の声だ。「オーイ」と返事した。気がつくと僕の外套に火がついているのである。「これはいけない」と消そうとしたが消えない。そこで外套を脱いで叩いて消した。

そのとき、もう一面の火だ。入口に来ると、暸は「お父さん、消しましょう」と言う。「消そう」僕は答えた。つかみかかるという気分はこんなことを言うのだろう。僕は脱いだ外套で竹垣の火を叩いて消した。書庫のコンクリートが燃えている。コールタールを使っているので、それが燃えたと思ったが、その後、そうではなく、敵の油脂焼夷弾のためとわかった。これにも水をかけた。垣の火は消えたが、屋根に火がついている。「これは駄目だ」とあきらめた。「書籍や、私有物が全部焼けるんだ」という想いが脳中を過《よぎ》る。梯子を運んでいって屋根を見ると、火はいつか消えていた。その頃、畑を越えた先の家と、道を隔てたアパート的な家が燃えている。また森を隔てた漬物屋も燃えている。幸いなことにはいずれも風下ではなく、また事実風も少ない。もう火事も終りぎわになって風が出てきたが、それは火事のためだろう。

この火事を見て、火事と戦って、僕は何か憎くて痛憤した。怒り心頭に発すというのはこのことだろう。しかしそれが、ただ「米国」という敵だけではないようだ。僕は盛んに「米国の奴め、癪《しゃく》に障る」と言った。それには明らかに、人に聞いてもらいたいための台詞が交じっていた。「親米的」と言われはしないかという懸念から、特にそうした点を強調するのである。だが、何かに対し憤りを感じなかったというのならば明らかにウソだ。「こんな戦争をやるのは誰だ」と、僕はこの愚劣な政治と指導者に痛憤していたのである。

火を消してしまった後、僕は世に克ったような気がした。また実際、僕がいなかったら、火事は延焼していたに違いない。林の草は燃えあがり、垣根も燃えていたのだから。午前二時頃、床に入る。

## 四月十六日（月）

朝、午前五時半頃起きる。地主の長久保豊のところも焼けた。

「通り魔」というが、B29の空爆は「通り魔」である。通ったところが一丁ぐらいの間焼かれるのである。南から北に一線を貫いて焼けて、まだ燃えている。その跡を掘って瀬戸物などを探している。類焼は家財道具を出す余裕はあるが、焼夷弾が落下したところは、何も持ち出していない。昨夜の僕の経験から見ても、そのようなタイムは全然ない。僕も家財を出そうか、消火に努めようかと考えていた矢先に、暸が「消しましょう」と言ったのに力を得、消火に立ち向かったのだ。

帰ってきて、隣りの松林を見ると、焼夷弾の空筒があるもある。またたく間に七個を拾った。付近の人が掘ったのを合せると、百坪足らずの間に十数個あり、それに低い近隣地のものを合せると三十個あまりもある。一つは家の東方に落ちている。それが井戸の屋根に火がついた正体だった。西方に落ちたのは、屋根から二、三尺〔約六十～九十センチメートル〕離れたところにあり、布片が松に引っかかっている。三、四尺の危ないところで、家が助かったのだ。

そうしたものを拾い集め、後始末をして朝食に、移転した家に行く途中、僕は「神様はいるのじゃないか」という気がした。家を中心にして、これだけの焼夷弾が落ちたのに、それが一つも家の屋根に当らなかったのは、真に奇蹟である。「神が僕を助けたのじゃないか」と僕は感じた。考えてみると、不思議だらけの幸運だ。瞭が「家は焼けても仕方がないから、下の防空壕に入りましょうか」と言ったので、僕は「それもそうだなア」と見に行ったのだった。その途中の、あの焼夷弾の落下だ。瞭が東から、僕は西から、時を移さずに消火に努力したのも、消火し得た最大の要因だった。一方だけにいたら駄目だったかも知れない。五分間も経てば、もう竹笹の垣に燃え移っていたに違いない。軽井沢に出発できなかったのもかえって幸福だった。かつて信じたキリスト教の信仰が、心底に湧いてきて、そこに伏して感謝したいような気持になった。

朝食後、英子と共に多摩川から下丸子の方面を見に行った。川原に焼夷弾の空筒が無数に落ちている。三菱の寄宿舎も焼けた。下丸子の新興工場は、ただ一面の焼野原になっている。どこかでドカンと時限爆弾の爆発する音が聞える。日本の工業力はこれだけで何分の一かの低下だ。昨夜、僕は家の高台から、川崎工業地帯と、この下丸子の焼けるのを見て、近代戦争の持つ破壊力の絶大さに、むしろ驚嘆した。今この焼け跡を見る。これが十時間とは経たない間の出来事である。電車は止まり、電気も来ない。水道もガスも停止した。瞭の話によると、多摩川の川辺に逃げた者が爆弾にやられ、首や胴のない死骸が運ばれていったそうだ。

これらの空爆を通して、一つの顕著な事実は、日本人が都市爆撃につき、決して米国の無差別爆撃を恨んでも、憤ってもいないことである。僕が「実にけしからん」と言うと、「戦争ですから」と言うのだ。戦争だから老幼男女を爆撃しても仕方がないと考えている。「戦争だから」という言葉を、僕は電車の中でも聞き、街頭でも聞いた。昨夜も、焼け出されたという男二人が、僕の家に一、二時間も来ていたが、「しもた家が焼かれるのは仕方がない、戦争なんだから。工場が惜しい」と話していた。日本人の戦争観は、人道的な憤怒が起きないようになっている。

## 四月十七日（火）

毎日、デマが盛んに飛ぶ。昨夜も警報が出たとか、艦載機が来襲したとかいうのである。また電車の中などでも、そういうことを言う者がいる。警報が鳴らないにもかかわらず、誰も彼もそれを信ずる。これは恐慌時代、不秩序時代の一歩手前だ。元来が、批判なしに信ずる習癖をつけてこられた日本人だ。これが悪質なデマと化すと、どんなことでもしでかす可能性がある。大地震の際の朝鮮人に関するデマが＊、そうであった。今回も、そうした事変の起こる可能性は非常にある。

　沖縄の戦争は、ほとんど絶望的であるのは何人にも明瞭だが、新聞は、まだ「神機」を言っている。無論、軍部の発表によるものだ。国民は、愚かな田舎人でもこれを信じまい。誰も信じないことを書いているのが、ここ久しい間の日本の新聞だ。

　ルーズベルトの葬儀は十五日に行われた。死んだのは十二日午後三時三十分である。ブラック・フライデー〔魔の金曜日〕の一日前で、迷信の流行を逃れた。このニュースを聞いたとき、英子は「いい気味だ」と言った。瞭の話では、食事のときに学校でそのことを聞いて、皆喝采したが、二、三人の話になると惜しいことをしたと言ったそうだ。瞭は、後まで惜しい、惜しいと言っていた。

　その翌日経済倶楽部に行くと、呪う者は少なくて、戦後経営を、彼にやらせたかったというような話が絶対多数だった。これだけ、ひどい目にあって、敵を呪う気持が少ないというのは意外という他はない。

　日本は近代戦争などをし得る状態ではなかった。軍人は最後まで、「東京へは絶対に敵機を入れない」とか「麹町区には飛行機を入れない」と言っていた。

＊大地震の際の朝鮮人に関するデマ　関東大震災直後の混乱の中、「朝鮮人が暴動を起こそうとしている」などというデマが広がり、デマを信じた自警団が朝鮮人や中国人を殺傷する事件が多発した。

今彼らは何と言う？　しかし国民の軍人に対する反感は、ウソのように少ないと思う。軍部に関する批判は一切させないからである。そして言われなければ気がつかないほど低劣だからだ。しかし永遠に気がつかないだろうか？

## 四月十八日（水）

午後、田園調布のほうを見に行く。四間道路の両側は焼失。大竹正太郎君のところを見舞う。爆弾でガラスは滅茶苦茶になったが、家はまだ助かっている。その辺に大穴があいて、家が倒れかかったものが多い。芝染太郎氏の家焼く。国務相、情報局総裁の下村宏氏が、ちょうど自動車で帰ってきて門前で会う。「随分被害が大きいよ」と言っていた。御機嫌がいい。「御苦労様です」と言っておいた。

ガスもなく、水道もなく、電燈もなし。ろうそくにて飯を食う。

## 四月十九日（木）

今日、「沖縄の敵兵が無条件降伏した」という風説が伝わった。僕も聞き、瞭も聞いてきた。結局そうではなかったらしい。

四月二十日（金）

沖縄戦の景気がいいというので各方面で楽観説が続出。株もグッと高い。沖縄の敵が無条件降伏したという説を僕も聞き、瞭も聞いてきた。中には米国が講和を申込んだという者がいる。民衆がいかに無知であるかがわかる。新聞を鵜呑みにしている証拠だ。それは東京のみではなく地方でもそうらしい。

四月二十一日（土）

瞭の見てきたところでは、巣鴨、大塚仲町は上野駅までほとんど人家らしいものはないという。

しかし注意すべきことは、焼け出された人々が案外に平気でいることだ。「今日は自分の身の上、明日は他人の身の上」といった自慰があるからだろうし、また多数の同運命は悲しみの軽減に役立つのだろう。

四月二十三日（月）

赤軍がベルリンに突入した。* 最後までナチスは踏み止まり玉砕。こうした戦争方法が賞讃さるべきか。無条件降伏を看板にする米英の戦法も将来批判され

*ベルリン陥落
1945年4月23日、ソ連赤軍がベルリン郊外に進入して総攻撃を開始し、27日までに完全に包囲。ヒトラーは地下壕に退避し徹底抗戦を続けるも敗色が濃くなり、30日に自殺。5月2日、首都ベルリンが陥落した。

るであろうが、玉砕戦術もまた後世の歴史家の論題になろう。

四月二十六日（木）

瞭と僕と、とりあえず畑に着手。井出君のところに馬鈴薯のタネイモと、堆肥をもらいに行く。僕は大八車を引いて帰る。途中の馬糞をいちいち拾う。あいにく拾い取るものがないので、手でつかんで取る。女学生が通るので、さすがに手づかみにするのが恥かしく、近くの紙片などを使用することあり。しかし女学生たちも、紳士の馬糞拾いは珍しくないのか、振り返ってもみない。

馬糞を拾いながら、こうすることが国家社会のためかと考える。ディビジョン・オヴ・レイバー〔分業〕が全くなくなり、我ら自身、土方のやることをやらざるを得ないのである。それでも馬鈴薯の一部を植え終える。山は夜になるとまだ寒い。

四月三十日（月）

晩のラジオでドイツのヒムラー、*米英に対し無条件降伏を申し出たと伝える。米英はソ連を含む連合国に同様な申し出がなければ受け付けないと言ったとい

ハインリヒ・ヒムラー
ヒトラー政権の警察長官、内務相を歴任。ドイツの警察権力を掌握し、ユダヤ人や政治犯に対して徹底した弾圧政策をとった。終戦時に米国との講和交渉を試みたが失敗。ドイツ降伏後、逃亡中に英国軍に逮捕されて自殺。

う。またムソリーニも、その一味と共に捕らえられた旨を報じる。第二次世界大戦はちょうど五年八ヶ月を要したわけである。第一次世界大戦の四年四ケ月に比すれば一年四ヶ月だけ長かった。僕の予想より一年半ばかり延びた。

それにしてもムソリーニが自裁せずして、捕らえられたことに対し、多くの日本人は何と言うだろう。またヒトラーの最後は如何。

そして——最も重大なことは、日本はどうする？

九州に敵機、毎日来たり。鹿児島、宮崎などを爆撃。本日は立川に二百機来襲したという。何故に東京都を爆撃しないかが、やや不思議である。米国内に都市爆撃の無謀をいう世論を起こすような工作も、世論も日本には起こらない。戦争というものはそうしたものだと考えるのか、それとも特有のフェータリズム〔宿命論〕か。

米軍機の東京都その他の民家焼き払いは、不必要なる惨苦を国民に与えるもので、何といっても罪悪である。彼らがこのことを自覚して中止すれば、その幸福は日本国民のみではない。

## 五月一日（火）

毎日のラジオは沖縄の戦において敵に与えた損害を繰り返す。これは支那事変以来一貫したやり方だ。国民の知りたいのは、そんなことではないのに。

## 五月二日（水）

鈴木貫太郎大将の首相出現の事情。

重臣会議において、まず口を開いたのが東條である。彼は「この際、戦争を妥協で打ち切るか、然らざれば最後まで戦いぬくか、このことを決定しておく必要あり、それが首相選任の前提である。私は絶対に戦いぬくことを主張する」と言った。平沼騏一郎*がこれに和し、鈴木も同じく「絶対に戦いぬく」と言った。近衛は意見を聞かれて、戦争をどうするかというようなことは後継首相の決定すべきことで、ここで論議すべきではないと言い、岡田がこれに賛成し、若槻は「御下問された問題は首相の人選であるから、その他のことは問題外だ」と述べた。それから人選に移り、鈴木は「一番若い人が局に当たるのがいい」と、近衛を意味する発言をなしたが、これに賛成する者なく、次に平沼が「鈴木大将」と述べて、これに決定したとのことである。

**平沼騏一郎**（ひらぬま・きいちろう）検事総長、大審院長、法相、貴族院議員等を経て、首相に就任。独ソ不可侵条約の締結を機に総辞職。のち近衛内閣の国務相。戦後、極東国際軍事裁判でA級戦犯として終身禁固刑の判決を受け、巣鴨プリズンに拘置。仮出所後に病死。

**五月四日（金）**

――君と土橋弥生との結婚式が明日あり、英子を引きつれ、松本に赴く。昨夜、汽車切符を買うのに、とても骨が折れた。沓掛《くつかけ》では断られ、軽井沢に赴いてようやく買う。何でも軽井沢では、同方面に三枚しか切符が売れないとのことである。

松本あたりの店で、ほとんど一つも開いているものなし。夜間は電燈皆無。暗しとも暗し。

宿屋は、浅間は二、三を除き全部閉店している。また西石川にても客を二日以上は泊めない。しかも米を持参して然り。覚の話では、客の出す米を女中と番頭で山分けしているとのことである。

**五月五日（土）**

「結婚は捜すものでなく拾うものである」

そう言って僕は媒酌人の挨拶をした。

松本はまだ平時の気分で、皆モーニングや紋付を着てきていた。もっともご馳走は、炭まで全部土橋家から持って行ったとのこと。それで料理して出されたものは約半分。近頃は途中で消えるのである。

終章

# 暗黒日記の後の日本

敗戦後76年間、日本は戦争に手を触れることなくきた。しかしだからといって日本は、ずっと戦争から遠く離れた無風地帯にいたというわけではない。むしろ戦争と平和の際どいところをギリギリで歩んできた。危うい場面はいくらでもあった。今も危ういままである。今では進んで戦争に近づこうと叫ぶ人々もいる。泉下の清沢の悲しみに咽ぶ嘆きの声が聞こえる。

## 戦争の真実を追求しないまま過ぎた戦後

『暗黒日記』の記述は1945（昭和20）年5月5日が絶筆となっているが、その2日後にドイツは連合国に無条件降伏した（ソ連に対してはさらに2日後の5月9日に）。

日本では6月に日米合わせて20万人を超える大変な犠牲者を出した沖縄戦が終わった。日本軍の死者は10万人近くに上り、民間人では沖縄県民の4分の1が犠牲となった。沖縄戦は米軍にとっても1万2000人を超える死者が出た。日米戦を通じて最大の激戦地であった。

そして8月6日に広島、8月9日に長崎に原爆が投下され、8月15日に玉音放送によって全国民に終戦が告げられた。

ここから日本は、鬼畜と蔑《さげす》んでいた米国と深く付き合っていかなくてはならなくなる。8月末にはマッカーサー元帥が戦勝国の最高司令官として厚木に降り立つ。その後、皇居近くにGHQ（連合国最高司令官総司令部）が設置され、日本への占領政策が始まった。

国際社会では、同年10月に国際連合が誕生した。

国際通の清沢が生きていたら、米国の占領政策についても日本は彼の知見に負うところが大きかっただろう。

翌1946（昭和21）年になると、中国では蔣介石の国民党と毛沢東の共産党の内戦が始まり、1949（昭和24）年10月1日の中華人民共和国の建国まで続く。敗れた蔣介石は台湾に国民党政府を設立した。戦後の日本は1972（昭和47）年の日中国交正常化まで台湾と国交を結んでいた。中国のことは中共と呼び日本にとって謎の国にすぎなかった。

日本国内では1946年に極東国際軍事裁判（東京裁判）が開廷された。

翌1947（昭和22）年5月3日、日本国憲法が施行された。

そして1948（昭和23）年、朝鮮半島が分断され大韓民国と朝鮮民主主義人民共和国が建国、米中ソの対立が朝鮮半島に現われ、インドシナでも独立、新政府の樹立と新しい動きが顕在化しはじめた。

## 過去を検証しないまま再軍備へ

日本は1951（昭和26）年サンフランシスコ講和条約によって政治的には米国の占領から解かれ主権を回復したが、そこから国民自らの手で戦争責任を明確にしようという独立国としての動きはなかった。戦争責任者を追及することも、戦争責任がどこにあったのかを追及することもなく、過去のことより今日の生活、明日の暮らしに全力を注ぐ日々であった。

追及も追求もしなかった理由はいくつもあろうが、権限と決定、責任をあいまいにする日本人の習性が、この不作為を許したと言わざるを得ない。

過去の負の歴史を検証しないままでは、再び時勢に国全体が流されてしまいかねないのは当然だった。

敗戦から5年後、サンフランシスコ講和条約の1年前、１９５０（昭和25）年に朝鮮戦争が勃発した。大戦中は同じ連合国の仲間だった米、中、ソは朝鮮半島で激突することになる。日本ではこの年に警察予備隊が創設され、その2年後には保安隊へ改組、さらにその2年後に陸・海・空の自衛隊が発足。日本を武装解除した米国は、朝鮮戦争が起きるとあっさり態度を翻し、日本へ軍事的に協力するよう迫るようになった。

朝鮮戦争を契機として日本は再軍備に向かいはじめ、その後、東西冷戦（米ソ両陣営の対立）によっても再軍備は進行した。大戦で敗れた日本は、わずか5年で徐々に戦争に近づきかけていた。この朝鮮戦争に続くベトナム戦争、近くでは湾岸戦争、イラク戦争など、時代を経るにしたがい日本への参戦圧力は強くなっていく。

だが、日本は米国の要請をきっかけとして再軍備へ向かうものの、際どいところで戦争に参加する力はなく実質戦争を避けることができた。

それは３００万人を大きく超える犠牲を出した敗戦の痛手が、戦争体験者の記憶に依然生々しく、国民の間に「戦争はもうこりごり」という反戦感情があったことと、日本国憲法の戦争放棄の条文が、再び日本が戦争へ近づくことを押しとどめていたからである。

しかし今日このいわば平和の双璧のひとつ、戦争体験者の数は年々少なくなっており、その記憶も次第に失われつつある。

## 米国とソ連の危うい均衡

1951（昭和26）年9月、サンフランシスコ講和条約の締結によって、日本は独立国として再出発することとなったが、米ソ対立が深刻化する中、サンフランシスコ講和条約と同日に日米安全保障条約が結ばれ、日本にある米軍基地はそのまま維持されることになった。

こうした日米関係の下、日本はソ連とは依然国交断絶のままであった。鳩山一郎首相は外交上の不都合を解消するため1956（昭和31）年にモスクワを訪れ、日ソ共同宣言に署名し、国交を回復させた。同年12月に日本は国際連合に加盟する。

一方、世界では再び戦争が顕在化していった。

中東は現在も紛争の続く地帯だが、イスラエルと周辺アラブ諸国との戦争は、規模の大きなものだけでも1948年の第一次中東戦争から、世界的なオイルショックを引き起こした19

73（昭和48）年の第四次中東戦争まで続き、小競り合いを含めれば、第二次世界大戦後も常にどこかで戦闘が行われている戦争地域となっている。

米ソの緊張に目を向けると、朝鮮戦争（1950年）の前年にはソ連が核実験に成功、米国に次ぐ核保有国となった。

それでも核開発で一歩リードする米国は、依然有利なポジションを維持すると見られていた。ところが1957（昭和32）年にソ連が人類初の人工衛星スプートニクの打ち上げに成功する。これはソ連がICBM（大陸間弾道弾）技術で米国をリードしたことを象徴していた。

こうした米ソの軍事的な緊張が、ピークになったのが1962（昭和37）年のキューバ危機である。米国の喉元に位置するキューバにミサイル基地をつくるために、ソ連から機材を積んだ船が出航した。米国は洋上でそれを阻止しようと軍事行動に出る寸前となり、核保有国である米ソの衝突は、東西両陣営を巻き込んだ世界核戦争間一髪の状態に直面した。

## 世界の危機と日本の経済成長

ソ連の輸送船が引き返し基地が撤去されたことで核戦争は防がれた。第三次世界大戦が起きればそれは核戦争であり、人類生存の危機を招きかねないことを世界中が強く認識し、震撼した。

キューバ危機は目前で回避されたが、ベトナムでは本格的な戦争になった。南北ベトナムの紛争はすでに起きていたが、１９６４（昭和39）年のトンキン湾事件によって米国が本格的に介入し、翌１９６５（昭和40）年には米軍による北爆（北ベトナム空襲）が開始された。

１９６４年といえば日本は高度経済成長のただ中で、第１回東京オリンピックが開催された年だが、オリンピック開催中には中国が最初の核実験を実施し、各国の軍事競争は拡大の一途をたどっていくことになる。

東西冷戦下、日本は１９６５年に韓国との間に日韓基本条約を結び、戦後処理の積み残しをひとつ処理した。また、１９６８（昭和43）年には小笠原諸島が米軍から返還され本土復帰を果たし、１９７０（昭和45）年には大阪万博が開催、日本の経済成長はピークを迎えていた。

しかし、１９７１（昭和46）年のドルの金兌換停止、いわゆるニクソン・ショックによって経済成長に急ブレーキがかかる。輸出主導である日本経済は、突然のドル安円高によって痛手を被ることとなった。

一方、世界では中華人民共和国が中国を代表する政府として国連に加盟、常任理事国となり、その結果、台湾は国連で議席を失う。翌１９７２（昭和47）年には、米国のニクソン大統領の電撃的な中国訪問があり、世界に衝撃が走った。

１９７２年は、５月に沖縄が日本に返還される。そして９月には田中角栄首相が中国を訪問し日中共同声明を宣言し、断絶していた日中の国交が正常化された。中国共産党政権を中国を代表する政府と認めたことにより、日本は表向き台湾と国交を断絶し、日台双方の駐在公館が引き払われた。

日中戦争は１９４５年に日本の敗戦でいったんピリオドを打ったが、ある意味では真の終戦は、この日中共同声明といえるかもしれない。

１９３１（昭和６）年の満州事変から40余年、止まっていた日中の時計の針は再び動き出した。

## 戦争と平和は隣りあわせ

何千年の世界の歴史が示すように歴史は繰り返す。だが、この時計の針は注意深く見守らなければならない。米台韓北中などの動き次第では、むしろ逆回転を始めないようにアジアの平和維持に努めねばならない。

中国にも問題は多い。中国批判ももちろん大切なことだが、同時に国交正常化から50年の日中の時間を無駄にしてはならない。

この間、中国でも色々なことがあった。50年の歳月の中で、日中の関係は概ね友好的であったし、経済交流は日中両国に大きな成果を残した。両国の戦後の努力を忘れてはならない。せっかく築いた成果をわざわざ壊す必要はない。

いま中国嫌いの日本人は多いが、国の選り好みにどれほど根拠があるだろうか。日本人は76年前まで、人でなしと罵り、血で血を洗う戦いをしていた米国と友好的にやってきたのだ。中国とも友好的にやれないはずはない。

米国と共に歩んだ76年間で我々は学んだことがある。米国のように世界のどこかで戦争に関与している国と友好的であっても、戦争に巻き込まれることなく、平和と安全を維持できるということを心すべきである。

歴史とは戦争と戦争をつないだものとさえ見える。現代史もその例外ではない。中東の人々にすれば、平和とは戦争と戦争の間のほんのわずかな時間に過ぎないだろう。

戦後の日本が、常に戦争の危機をはらんだ国際情勢の中で、とにもかくにも76年平和を守ったことは、清沢も、絶賛はしないまでも喜ばしく思っているはずだ。その大きな力となったのが日本国憲法であることは、多くの認めるところだろう。

しかし憲法は万能ではない。ひとたび日本人の中に宿る動物の血に火が点けば、憲法の壁といえども容易く乗り越えられるだろう。時代と情勢は大きく異なるが、１９３１年の満州事変でも、天皇の大権である統帥権が簡単に乗り越えられた人間の弱さを心すべきである。

満州事変とは日本人の動物の血の「前科」でもある。どうして再び暴走しないと言い切れようか。我々は、我々に流れる動物の血を意識し、恐れ、努めて戦争に近づかないよう注意深く行動しなければならない。同時に強力すぎる武器を持たないよう自戒すべきである。

戦争に近づけば動物の血が騒ぐからであり、強力な武器を持てば、子供がおもちゃを与えられたときのように、必ず使ってみたくなるからだ。

今までお読みいただいたように、76年前に清沢が嘆いた権限と責任をあいまいにする日本人は、戦後76年を経て現代も何も変わらない姿であり、変わらない人間のままであり、これからも大きく変わることは難しいとしっかり心に刻みたい。

（丹羽宇一郎）

# おわりに

日本と日本人が、戦争に負けたことで平和と自由の尊さと、そのありがたさを実体験できたことは、我々にとり大きな将来への資産となるだろう。

そうあってほしい。敗戦の資産を忘れてはならない。

動物の血を克服し、人としての善性、知性で世界の問題に対処していくべきだ。しかし現実は、いまに至るも危ういままであり、人間は一向に変わることなく世代が移り変わるごとに、同じ過ちを繰り返してきている。

清沢は終戦の年の1月1日の日記にこう書いていた。

当分は戦争を嫌う気持ちが起こるだろうから、その間に正しい教育をしなくてはならない。それから婦人の地位を上げることも必要だ。

日本で最大の不自由は、国際問題において、相手の立場を説明することができない一事だ。

日本には自分の立場しかない。この心的態度を変える教育をしなければ、日本は断じて世界一等国になることはできない。すべての問題はここから出発しなくてはならない。（２４８ページ）

だが、ここまで見てきたように現代の日本人の心根は、清沢の日記にあらわれていた日本人のそれとまったく変わらない。依然として、自分だけ、今だけよければそれでよいという無責任で短絡的な自己中心主義で動いている。清沢の日本の未来に対する期待と暗い見通しも、暗い見通しのほうへと動いている。

いま我々は、清沢の絶望を噛みしめなければならない。残念ながら我々はけっして賢くなってはいない。いつでも戦争に踏み切る本性は強力だ。我々の動物の血がそうさせるからだ。この自覚が人間としての叡智である。

米国は第二次世界大戦後も、何度も戦争をしている。何度も失敗して、その度に犠牲を出してきたが、それでも彼らは戦争を止めようとはしない。常に何らかの理由を付けて戦争をする。米国には世界一の武力があるからだ。強力な武力を持てばそれを使い、試してみたくなる。倉庫に入れたままにしておくことは、動物の血が許さない。

強い武力を持つことの危険は、人類の歴史が教えてくれている。

戦争は形態を変え、やがて人が戦場に立つことのないサイバー戦争、ドローンやロボットによる戦争に変わると言われている。しかしその結果、残念ながらもっと大勢の人が犠牲になり狂人と化す戦争が、地上に出現するだけのことだ。

サイバー戦争の目的が敵国のインフラを破壊し、経済活動を妨げるものであったとしても、戦いが高じてくれば、やがて戦場はサイバー空間から現実の世界に移ってくる。動物の血がデジタル画面上の戦争で納得するはずがないからだ。

ドローンやロボット同士が戦っていたとしても、その矛先は必ず生身の人間に向かってくる。人道的から非人道的に方針が容易に変更されることは、先の大戦で我々は痛いほど知っている。背に腹は代えられないとなれば、軍隊はいつでも無差別攻撃に移る。戦いが膠着すれば、標的はドローンやロボットから人間へと移ってくるのは当然だ。敵であれば、人か機械かは問わないという命令の出ることは、火を見るよりも明らかである。

戦争は戦勝国にも、敗戦国にも犠牲者が出る。6G、7Gによるサイバー戦争が犠牲者なき戦争になるというのは幻想に過ぎなく、戦争に人類滅亡以外の道はない。

それが動物の血の流れている究極の人間の戦争である。

だから平和を守るために、我々のできることはふたつの道に限られるのだ。動物の血の流れる我々の採れる安全保障策は、戦争に近づかないこと、強力過ぎる武器を持たないことである。動物の血はいつか必ず目を覚ます。動物の血が目覚めても、暴走させない戒めを自らに課す以外に、戦争を避ける王道はない。

それでは自国を防衛することはおぼつかないという議論はあろう。外交には武力の裏付けがなければ、国益は守れないという説を主張する人々も少なくない。しかしアフガニスタンで水路開拓に長年尽力し、２０１９年に暴漢に襲われ亡くなった医師中村哲氏の次の言葉を聞いてもなお、そう考えられるだろうか。

「アフガニスタンにいると『軍事力があれば我が身を守れる』というのが迷信だとわかる。敵を作らず、平和な信頼関係を築くことが一番の安全保障だと肌身に感じる。単に日本人だから命拾いしたことが何度もあった。憲法９条は日本に暮らす人々が思っている以上に、リアルで大きな力で、僕たちを守ってくれているんです」（佐高信『反‐憲法改正論』角川新書）

この言葉さえ早くも忘れようとしている愚かな一面を持つ我々人間の本性を忘れないようにしたいものだ。

国際問題を自由・平等と平和で解決してこそ、日本は、日本人が「世界一」と、本当に胸を張って誇れる国となるのだ。

忘却は人間の本性だ！
その本性を忘れるな！
日本を世界一の国にしよう！
皆さんそうしよう！

清沢洌の日記を読んで、改めて心の中でそう叫んでいた。

＊＊＊

最後に、本書の執筆にあたり、東洋経済新報社の水野一誠氏、出版プロデューサーの亀谷敏朗氏をはじめ、多くの方に大変なご支援とご協力をいただいた。心から感謝申し上げたい。

２０２１年10月

丹羽宇一郎

【著者紹介】
**清沢　洌**（きよさわ　きよし）
リベラルな自主独立の主張を貫いた外交・政治評論家、ジャーナリスト。1890年長野県北穂高村青木花見（現・安曇野市）生まれ。郷里の研成義塾に学び、1906年渡米。ホイットウォース大学卒業後、シアトル、サンフランシスコの邦字新聞社に勤める。帰国後、中外商業新報社（現・日本経済新聞社）外務部長、東京朝日新聞社企画部次長、報知新聞論説委員などを歴任し、1929年フリー評論家に転身。石橋湛山や嶋中雄作らと交友を深め、『東洋経済新報』『中央公論』などで反軍国主義の姿勢を貫いた。終戦直前の1945年5月21日、急性肺炎で死去。

【編集・解説者紹介】
**丹羽宇一郎**（にわ　ういちろう）
1939年愛知県生まれ。名古屋大学法学部を卒業後、伊藤忠商事に入社。同社社長、会長、内閣府経済財政諮問会議議員、日本郵政取締役、国際連合世界食糧計画（WFP）協会会長などを歴任し、2010年に民間出身では初の中国大使に就任。現在、公益社団法人日本中国友好協会会長、一般社団法人グローバルビジネス学会名誉会長、福井県立大学客員教授、伊藤忠商事名誉理事。著書に、『丹羽宇一郎 戦争の大問題』（東洋経済新報社）、『人間の器』（幻冬舎）、『会社がなくなる！』（講談社）など多数。

現代語訳　暗黒日記
昭和十七年十二月～昭和二十年五月

2021年12月16日発行

著　者――――清沢　洌
編集・解説者――丹羽宇一郎
発行者――――駒橋憲一
発行所――――東洋経済新報社
〒103-8345　東京都中央区日本橋本石町1-2-1
電話＝東洋経済コールセンター　03(6386)1040
https://toyokeizai.net/

装　丁…………石間　淳
ＤＴＰ…………キャップス
編集協力………亀谷敏朗
印　刷…………東港出版印刷
製　本…………積信堂
編集担当………水野一誠

Printed in Japan　ISBN 978-4-492-06220-3